ClimatePartner°

Dieses Buch wurde klimaneutral hergestellt.
CO_2-Emissionen vermeiden, reduzieren, kompensieren –
nach diesem Grundsatz handelt der oekom verlag.
Unvermeidbare Emissionen kompensiert der Verlag
durch Investitionen in ein Gold-Standard-Projekt.
Mehr Informationen finden Sie unter: www.oekom.de

Bibliografische Information der Deutschen Nationalbibliothek
Die Deutsche Nationalbibliothek verzeichnet diese Publikation
in der Deutschen Nationalbibliografie; detaillierte bibliografische
Daten sind im Internet über http://dnb.d-nb.de abrufbar.

© 2012 oekom verlag, München
Gesellschaft für ökologische Kommunikation mbH
Waltherstraße 29, 80337 München

Umschlaggestaltung: www.buero-jorge-schmidt.de
Umschlagabbildung: getty images
Autorenfoto: Bertelsmann AG
Visuelle Gestaltung + Satz: Ines Swoboda

Druck: fgb. freiburger graphische betriebe
Dieses Buch wurde auf FSC-zertifiziertem Recyclingpapier
und auf Papier aus anderen kontrollierten Quellen gedruckt.
Circleoffset Premium White, geliefert von *Igepagroup*,
ein Produkt der Arjo Wiggins.
FSC® (Forest Stewardship Council) ist eine nichtstaatliche,
gemeinnützige Organisation, die sich für eine ökologische und
sozialverantwortliche Nutzung der Wälder unserer Erde einsetzt.

ISBN 978-3-86581-288-9

Alexander Dill

Gemeinsam
sind wir reich

Wie Gemeinschaften ohne Geld
Werte schaffen

Einleitung

Immer mehr Menschen fragen sich seit Ausbruch der Finanzkrise, ob diese nicht das Ende der bisherigen Finanzwirtschaft ankündigt. Das ruft nicht nur Erleichterung hervor. Wie soll zum Beispiel ohne Geld unsere Altersversorgung geregelt werden? Längst entstehen allerorts Initiativen für lokale Tauschwährungen und genossenschaftliche Gasthäuser, ethisch korrekt wirtschaftende Banken, Schulen und Handelsunternehmen. Solidarität, Vertrauen und Hilfsbereitschaft sind auf einmal keine sentimentalen Relikte einer verarmten Nachkriegsgesellschaft mehr, sondern stehen im Mittelpunkt einer Kapitalart, die bisher wenig Aufmerksamkeit genoss: das sogenannte Sozialkapital. Wir brauchen nicht mehr Kritik an Kapitalismus und Finanzkapital, sondern eine Aufwertung des Sozialkapitals.

Warum sind Schweizer und Norweger nicht nur wirtschaftlich, sondern auch sozial so erfolgreich? Warum werden Isländer und New Yorker so gut mit der Finanzkrise fertig? Wie wurde der Alpenraum zur größten zusammenhängenden Wohlstandszone der Welt? Warum benötigt Berlin einen Kiez? Wie kann Deutschland durch Sozialkapital seine Schuldenkrise überwinden? Wie hilft Sozialkapital bei der Überwindung der Arbeitslosigkeit? Warum brauchen wir wieder Zwergschulen? Wie groß ist das Potenzial von Sozialkapital in Kirchen und im Naturschutz?

In diesem Buch wird aufgezeigt, wie Gemeinschaften durch die Mobilisierung ihres Sozialkapitals Werte ohne Geld schaffen.

Die Marktanteile am weltweiten Wohlstand sind relativ konstant verteilt. Nur selten steigt ein Staat auf oder ab. Die Geschichte dieser Verteilung aber hat viel mit nicht materiellen Werten zu tun. Vertrauen, Hilfsbereitschaft, Geschenkkultur, Sozialklima und Freundlichkeit bestimmen weitaus mehr das materielle Wohlsein, als es die Daten des Bruttosozialproduktes und des Pro-Kopf-Einkommens ausdrücken. Wir werden zeigen, dass und wie man diese immateriellen Güter sogar messen und bewerten kann. Ohne Sozialkapital wird nicht ein Euro Steuern bezahlt, nicht ein Schuldtitel vollstreckt. Als Summe der nicht materiellen Werte von Gemeinschaften entscheidet das Sozialkapital auch über die Bonität ganzer Staaten: Nur, wenn die Bürger zur Tilgung der Staatsschulden bereit sind, lässt sich die Kreditwürdigkeit des Staates erhalten.

Leider ist das Potenzial des Sozialkapitals in vielen Gemeinschaften und Staaten noch nicht bekannt und wird daher auch nicht genutzt. Da das Sozialkapital in verschiedenen Kulturen, Regionen und Ländern völlig unterschiedliche Inhalte hat, lässt es sich nur schwer vergleichen. Im armen indischen Bundesstaat Kerala etwa hat man einen Schatz im Wert von 15 Milliarden Euro angesammelt und möchte ihn nun bewahren. In Deutschland helfen jedes Jahr Zehntausende freiwillige Helfer der laut Roter Liste nicht bedrohten Erdkröte über die Straße in ihre Laichgewässer. Die Slowenen sind stolz auf ihren teuren Wein, der gar nicht im Ausland verkäuflich ist. Die Isländer sehen sich inzwischen als Volk der Dichter und Naturschützer. Anders gesagt: Sozialkapital ist nicht nur eine Art Notration für den Fall des Zusammenbruchs des kapitalistischen Finanzsystems. Sozialkapital ist auch ein Raum für Inspiration, Passion und Altruismus, für Stolz, Würde und Identität. Entdecken wir ihn!

I

Was ist Sozialkapital?

Auf der Spur des Bruttonationalglücks –
Bhutan, Alpen und Almen

Dass die Bhutanesen ein Bruttonationalglück genießen, hat sich inzwischen auch in Deutschland herumgesprochen. Mit Bewunderung sprechen wir davon, dass ein nach unseren Maßstäben doch sehr armes Land, mit dessen bäuerlichen Bewohnern wir wohl kaum den Platz am Melkeimer tauschen möchten, die Welthitparade der glücklichsten Völker anführt. Aus gutem Grund wird das Bruttonationalglück in Deutschland, Österreich und der Schweiz nicht erhoben: Es könnte unerwartet niedrig ausfallen und damit den erreichten Wohlstand als Luftnummer erscheinen lassen.

In der Schweizer Bundeshauptstadt Bern wurden letztes Jahr gigantische Netze über der Aare aufgespannt, um die Selbstmörder von den beiden Aarebrücken aufzufangen. Der Koordinator der Maßnahme, Bernhard Stähli, zur Begründung: »In dieser Zeit müssen wir einander gegenseitig tragen, Wärme geben – mehr als Metallnetze braucht es dieses Netz.« Ein Brückennetz für Selbstmörder als Ausdruck menschlicher Wärme – das Bruttonationalglück kann unterschiedliche Wege gehen.

Ich stand mit zwei chinesischen Touristen an einem Junitag auf der Brücke. Obwohl sie gut Englisch konnten, vermochte ich nicht, ihnen *diese* Bedeutung der Netze zu erklären. Sie dachten bis zuletzt, durch die Netze sollten die Badenden im sich tief unten windenden Fluss vor nachlässig herabgeworfenen Bier- und Schnapsflaschen geschützt werden. Sie nickten freundlich ob dieser weisen Fürsorge.

Es gibt in den deutschsprachigen Ländern eine lange Aussteigertradition, die mit Namen wie Worpswede, Montagnola und Altaussee, mit Niederbayern, der Steiermark und dem Tessin verbunden ist. Viele städtische Familien haben eine Ferienwohnung oder aber einen Familienteil auf dem Land. So konnten wir inzwischen über

Generationen den Wandel des Landes beobachten: Wie die Tante-Emma-Läden verschwanden, wie die Reiterhöfe kamen, wie aus der Werkstatt eine Fabrik wurde, wie das Holzhaus Kunststofffenster und eine Garage bekam. Wie die Bauerntochter Fotografin in New York wurde. Wie der örtliche Werbeagenturinhaber seinen Porsche gegen den Baum fuhr. Wie die Frauen nach den Scheidungen mit ihren – nun *Kids* genannten – Kindern auf den Höfen zurückblieben und für die Heilpraktikerinnenprüfung lernten. Wie die Grünen in die Gemeinderäte einzogen. Wie die Zahl der Messen und Messeteilnehmer zurückging und wir Atheisten und unsere Kinder schließlich die treuesten Kirchgänger wurden. Wie in den Dörfern Bioläden aufmachten. Wie man begann, wieder Holzhäuser zu bauen. Wie die Bäche und Flüsse renaturiert wurden. Wie Ziegen, Hühner und Schafe Hunde als Haustiere ablösten. Wie die Ziegen, Hühner und Schafe wieder abgeschafft wurden. Wie die Katzen Einzug hielten.

Viele Änderungen bestanden nur in kurzlebigen Moden. Familien und Besucher kamen und gingen. Aber es zählt zu den Rätseln und Wundern Mitteleuropas, dass doch die Landschaften, Höfe und Dörfer sehr weitgehend intakt blieben. Zu jedem beliebigen Zeitpunkt gab es ausreichend Nachschub an Aussteigern und Ruheständlern, Rückkehrern und Zuwanderern, die das örtliche Gewerbe, die Schulen und die Verwaltung, ja sogar das örtliche Brauchtum am Leben hielten.

Die Gründe fürs Leben auf dem Land änderten sich und sie ändern sich weiter, aber es ist nicht grundsätzlich infrage gestellt. Dabei wird dort weitgehend nur Geld ausgegeben, das anderswo erwirtschaftet, zumindest aber gepumpt oder gedruckt wird. Wenn man Städter fragt, was sie am Land so schätzen, dann werden längst nicht mehr nur die gute Luft oder die Aussicht, die Sportmöglichkeiten oder die günstigen Preise genannt, sondern man erwähnt, dass dort noch auf der Straße gegrüßt wird. Dass man seit 20 Jahren bei der gleichen Bauernfamilie Speck und Schnaps holt. Dass man sich nicht nur bei der Ernte und beim Hausbau hilft, sondern auch bei der Kundenakquisition und bei der Suche nach einer Lehrstelle. Es scheint, als seien weite Teile des Landes eine Oase von Hilfsbereitschaft, Vertrauen, Geschenkkultur, Freundlichkeit und Gastfreundlichkeit, die jeden Strukturwandel überdauern. Darf man erwähnen, dass es am Land so gut wie keine Kriminalität gibt, dass die einzige Gefahr für Leib und Leben von Extremsport und tiefergelegten 3er BMWs ausgeht? Dass die Dörfler längst auch alle in Patchworkfamilien leben und Freitagabend bei der Heute-Show die Schadenfreude über die Regierung ausleben?

Das Bild des Landes als nicht heile, aber sich immer wieder erfolgreich selbstheilende Welt hat sich bis heute gehalten. Es bildet die Grundlage für den größten zusammenhängenden Wohlstandsraum der Erde: Von Wien bis Genf, von Ljubljana bis Freiburg reicht der gesegnete Alpenraum. Keine Naturkatastrophe und kein Bürgerkrieg können dort Menschen vertreiben und entwurzeln. Wasser, Holz, Obst und selbst Wein im Überfluss, gemäßigtes Klima, genügend Raum – die Natur hat die Menschen dort reichlich beschenkt.

Es ist noch keine hundert Jahre her, da lebten auf vielen großen Höfen noch leibeigene Knechte und Mägde. Im Winter wurden in vielen Familien in ihren entlegenen Holzbauernhöfen Holz und Nahrung knapp. Kinder aus Vorarlberg und Osttirol wurden als Schwabenkinder an schwäbische Bauernhöfe verkauft. In Österreich benötigten Knechte und Mägde noch im 20. Jahrhundert die Genehmigung des Bauern, wenn sie heiraten oder anderswo eine Arbeit annehmen wollten. Viele Bauernkinder aus dem Engadin, der Steiermark oder Savoyen mussten ihre Heimat verlassen und sich als Arbeiter und Tagelöhner in den Städten niederlassen.

Kupfer-, Eisen- und Goldbergwerke, die über Jahrhunderte in den Alpen den Bauern und Holzarbeitern ein bescheidenes Zubrot ermöglicht hatten, schlossen ihre Tore. Wie aber wurden Orte wie Kitzbühel, St. Moritz und Tegernsee zu Treffpunkten der Reichen mit Grundstückspreisen wie in den Bestlagen der Großstädte? Tourismus, ursprünglich Fremdenverkehr genannt, gab und gibt es schließlich überall. Und dass die meist verregneten und oft schattigen Alpenorte prädestiniert für die Beherbergung der anspruchsvollsten Luxusklientel wären, kann wohl kaum behauptet werden. Die Alpenbewohner selbst waren in keiner Weise reich, ja, sie waren nicht einmal besonders erfolgreiche Teilnehmer am alpenüberquerenden Handel.

Wie und womit also wurden die in viele Sprachen und Grenzen zersplitterten Alpenvölker zu Paradebeispielen für dauerhaft erfolgreiche Gemeinschaften?

Die Ethnologin und Gemeingutforscherin Elinor Ostrom, die im Jahre 2009 als erste Frau den Wirtschaftsnobelpreis erhielt, beobachtete die Weidebewirtschaftung von Bauern im Wallis. Die Bergweiden waren sogenannte Allmenden, also Gemeingüter, und befanden sich nicht im Besitz von einzelnen Bauern oder Grundherren. In Österreich, etwa im Pongau, gibt es größere Almgenossenschaften, die ähnlich bewirtschaftet werden. Die Bauern, die im Sommer ihr Vieh auf die Alm treiben, achten darauf, dass sie nicht zu viel Vieh auf die Weiden lassen, da die Übernutzung die fragile Almfauna zerstören könnte. Sie achten aber auch darauf, dass jeder in etwa den gleichen Nutzen von der Alm hat. Obwohl jeder im Tal seinen Hof und sein Land besitzt, macht es ihnen nichts aus, die Alm zu teilen. Dort kann niemand das Vieh davon abhalten, die fetteste Weide zu stürmen. Die Teilung eines gemeinsamen Grundes zur Sicherung der nackten Existenz birgt in sich theoretisch die schrecklichsten Konflikte. Die genossenschaftliche Almbewirtschaftung aber lässt diese nicht aufkommen. Ähnlich wie in der Volksrepublik China, hat sich in den Alpenländern eine Parallelstruktur von kollektiver und privater Wirtschaft entwickelt. Diese bedingen, ergänzen und stützen sich, sodass am Ende nicht mehr deutlich erkennbar ist, ob das Kollektiv oder der Eigennutz die stärkeren Erfolgsfaktoren waren. Dass Gemeinschaften überhaupt existenzielle Fragen ihres Überlebens völlig ohne Krieg, Gesetze und Streit lösen können, gilt als eines der großen Rätsel des Zusammenlebens, wird doch die Weltpolitik seit Jahrhunderten von hochgerüsteten Militärmächten bestimmt, die ihre Herrschaft immer mit der Berufung auf eine existenzielle Bedrohung rechtfertigen.

In der Staatslehre des chinesischen Philosophen Lao-Tse heißt es: »Dass es so viele Räuber und Verbrecher gibt, kommt daher, dass es so viele Gesetze gibt.« Offensichtlich war Lao-Tse auf ein Grundprinzip der Funktion von Gemeinschaften gestoßen, dass diese nämlich mit jeder Abgrenzung und jedem Besitzanspruch überhaupt erst Anlass für Konflikte geben. Insofern ist die gemeinschaftlich genutzte Alm ein Sinnbild für jede Art von Gemeinschaftsfragen: Nur wenn deren Lösung aus gemeinsamer Einsicht erfolgt, funktioniert sie dauerhaft. Diese kantianisch-anarchistische Sichtweise lässt die auf zahlreichen Verträgen und Gesetzen gegründeten Gemeinschaften als gescheitert erscheinen, müssen sie doch mit Rechts- und Polizeigewalt Zustände herstellen, die auf der Alm aus natürlicher Einsicht funktionieren. Die Almbauern haben mit Sicherheit nie Immanuel Kant gelesen. Der hatte die Idee eines allgemeingültigen Umganges mit Gesetzen formuliert: »Folge stets nur einem solchen Prinzip, von dem du auch wollen kannst, dass es zum allgemeinen Gesetze werde«, oder umgangssprachlich: »Was du nicht willst, dass man dir tu', das füg' auch keinem andern zu.«

Die Alpenländler besitzen vielleicht kein so großes Bruttonationalglück wie die Bhutanesen, aber sie haben eine Tradition in Gemeinsinn. Ausgerechnet der bäuerliche Allmenderaum der Hochalmen nun wurde Ende des 19. Jahrhunderts von Industriellen aus Berlin, Prag, Wien, Dresden und Essen auf der Suche nach dem einfachen, ursprünglichen Leben entdeckt. Auch die von ihnen geförderte Kohle war eigentlich ein Gemeingut. Aber der Staat privatisierte dieses Gemeingut und schuf damit die Grundlage für den industriellen Großkapitalismus. Die ersten Alpenbesucher kamen also aus Gebieten, in denen jeder Fingerbreit Privateigentum war, in die scheinbar unendliche Freiheit der Bergwelt. Sie gingen vor wie in ihrer Heimat: Über Konzessionsverträge erhielten sie das Recht, Berghütten zu bewirtschaften. In diesen setzten sie Pächter ein. Die Bauern und Holzarbeiter der Bergtäler errichteten die Hütten und trugen die Lasten der neuen Bergherren. Der Tourismus im Alpenraum hat also seine Wurzel in dem erstaunlichen Umstand, dass die Bergbewohner ihren knappen Allmenderaum mit fremden Gästen teilten.

Diese schätzten die Gastfreundschaft und Hilfsbereitschaft der Alpenbewohner und bewunderten ihre Frömmigkeit und ihre Bräuche. Vom ersten Tag an ahmten sie die alpenländischen Bekleidungsformen nach und begannen, als Publikum das Brauchtum vom seltenen Festanlass im wöchentlichen Heimatabend im Kurhaus zum Kulturalltag werden zu lassen.

Dass die Alpenbewohner Fremde an ihren Bräuchen teilnehmen ließen, ihnen ihre Liebes- und Schmerzeslieder vorsangen und sogar jodelten, ließ neben dem natürlichen Gemeingut Alm ein zweites Gemeingut hervortreten: die alpenländische Kultur. Mit diesen beiden Gemeingütern, die sie in jeder Hinsicht mit den fremden Besuchern zu teilen bereit waren, schufen sie die Grundlage für eine einmalige Kulturvermischung, deren Ergebnis der heutige, alpine Wohlstandsraum ist. Nach mehreren Generationen Vermischung ist heute längst nicht mehr auseinanderzuhalten, wer Fremder und wer Einheimischer ist. Die natürlichen und sozialen Gemeingüter bilden eine große Klammer, in die inzwischen auch Russen, Inder, Chinesen und Brasilianer, Balten und Koreaner passen. Der Alpenraum ist eine auf Allmende gegründete Weltgesellschaft geworden, in deren Aufführungen jeder Besucher seinen Platz als Statist findet. Der Reichtum des Alpenlandes besteht fast nur aus Gemeingütern. Sie bilden die Kulisse für die tägliche Aufführung von Marienfrömmigkeit, Holzbauästhetik und Schmankerlküche, von Lifestyle und Outdoor-Grenzerlebnissen, Après-Ski und Alpenschamanenkursen. Wenn sich die oft völlig voneinander isolierten Gemeinschaften der tausend Täler nicht darauf geeinigt hätten, ihre Almen und Bräuche mit den Fremden zu teilen (und die Bräuche dabei sogar zu erfinden, wenn sie nicht vorhanden waren), würde es ihnen gehen wie ihren Brüdern und Schwestern in den Vogesen, den Ardennen, im Jura, im Schwarzwald, im Böhmerwald, in der Rhön und in der Eifel: Da sie nichts teilen konnten und wollten, leben sie bis heute weitgehend isoliert und verglichen mit den Alpenregionen in relativer Armut und Rückständigkeit.

Die Bewohner Bhutans dagegen beziehen ihr viel gerühmtes Bruttonationalglück genau aus dieser Verschließung. Sie machen aus der Not der Isolation die Tugend der Selbstgenügsamkeit. Das aber ist unseren durchmischten, von Verkehr und Informationen überfluteten Staaten nicht mehr möglich. Wir tun deshalb gut daran, kein Bruttonationalglück zu definieren oder zu messen. Unsere Gemeinschaften funktionieren nämlich auch dann, wenn wir unglücklich sind – gut so, denn dann brauchen wir ihre Stütze in der Regel am meisten.

Gemeinsam sind wir reich –
Unternehmensberater als Altenpfleger

Der freundliche Unternehmensberater blitzte mich auf der Terrasse des Biergartens in der Oktobersonne mit funkelnden Augen an: »Ich habe eine Idee!« Er und seine Frau haben beschlossen, keine eigenen Kinder mehr zu haben. Beide sind beruflich sehr erfolgreich und nennen wertvolle Immobilien in den besten Lagen ihr Eigen. Sie sind ein Paradebeispiel für DINKs, Double Income and No Kids. »Ich habe eine Idee, wie wir es im Alter auch ohne Kinder packen können.« Er ist ein Spezialist für Versicherungen, also für kollektive Umlagen. Im Idealfall sorgen sie dafür, dass die Gemeinschaft einen Schadensfall des Einzelnen übernimmt. So funktioniert die Autohaftpflicht. So versichert man sich gegen Brand und Überschwemmung. Ach ja: Unsere gesamte Altersversorgung beruht darauf. Sie wird deshalb auch gerne etwas pathetisch als Generationenvertrag bezeichnet. Aber eigentlich ist es nur eine ganz normale Versicherung, die so lange funktioniert, wie die Schadensfälle nicht größer sind als die Beiträge.

»Was ist nun Ihre Idee zur Pflege im Alter?«

»Ich möchte eine Art Pflegegutschein einführen. Das bedeutet: Meine Frau und ich pflegen jetzt nebenbei alte Menschen und werden dafür selbst später gepflegt. Völlig ohne Geld.«

Ich musste zugeben: eine gute Idee. Wir werden immer älter und die Pflegekosten wachsen ständig. Wer wie ich drei Kinder hat, wird sagen: Ich habe doch Beitragszahler in die Welt gesetzt. Diese finanzieren ein Gemeinwesen, das mich pflegen soll. Die Kinderlosen werden sagen: Wenn er drei Kinder hat, warum sollten eigentlich die nicht in der Lage sein, ihn zu pflegen? Nun, vielleicht verstehen sich Eltern und Kinder nicht mehr so gut und leben bereits seit 40 Jahren nicht mehr unter einem Dach. Vielleicht brauche ich derart viel Energie, um meine drei Kinder zu versorgen und ihnen ein guter, also ein anwesender Vater zu sein, dass ich unmöglich noch Oma und Opa pflegen kann?

Der Unternehmensberater ist auf eine neue Reichtumsquelle gestoßen, denn wenn sein Gedanke auch nur teilweise realisiert würde, könnten dadurch enorme Kosten für den Staat und die Krankenkassen gespart werden. Wir Eltern bekämen dann für jedes Kind ebenfalls Pflegegutscheine, die wir bei den DINKs einlösen könnten. Oder man könnte Pflegegutscheine gegen Kinderbetreuungsgutscheine tauschen, denn was uns als berufstätigen Eltern am meisten fehlt, ist die Kinderbetreuung.

Noch bemerkenswerter aber fand ich, dass sich der Versicherungsberater überhaupt diese Gedanken machte, denn er und seine Frau, die Geschäftsführerin eines größeren Verlages ist, können ja gleich mehrfach Kapital für ihr Alter ansparen. Er suchte sozusagen eine Lösung für ein Problem, das gegenwärtig und auch in den letzten 50 Jahren nicht bestand. Meine Eltern haben zusammen einen Rentenanspruch von 7.500 Euro im Monat zuzüglich Krankenversorgung. Obwohl wir fünf beitragszahlende Kinder sind, könnten wir diesen Betrag durch unsere Beiträge zur Rentenversicherung nicht im Entferntesten aufbringen.

Ich erzähle dieses Beispiel oft Politikern, Journalisten und Managern. Sie zucken mit den Achseln: Das ist doch ganz normal. »Ihre Eltern haben Rentenansprüche erworben und diese werden bedient, where's the problem?«

Dann sage ich: »Wenn schon wir fünf Kinder die Renten unserer Eltern nicht bezahlen können, was ist dann mit den Renten von Alten, die nur drei, eines oder gar kein Kind haben?«

Achselzucken.

Unser Gemeinwesen hat sich daran gewöhnt, dass durch neue Staatsschulden und eine Abgabenquote von 60 Prozent für einen Alleinstehenden mit 40.000 Euro Jahreseinkommen der Geldfluss nicht ins Stocken gerät.

Deshalb wissen wir auch nicht, wie wir uns verhalten würden, wenn kein Geld mehr flösse. Für den Politiker ist dies eine denkbar ungünstige Situation: Er sieht täglich, dass das angeblich marode und nicht nachhaltige Schneeballsystem, bei dem nur immer neue Einzahler die Gewinne der Ersteinzahler sichern, hervorragend funktioniert, aber er hört von Fachleuten, dass es eigentlich nicht funktionieren kann.

Darf man Politikern und Journalisten vorwerfen, dass sie diese Fachleute für weltfremde Spinner halten? Nein.

Der Unternehmensberater mit seiner Idee für Pflegegutscheine verkörpert aber eine neue Form von Kapital und damit auch von Geld: sogenanntes Sozialkapital. Als Sozialkapital bezeichnen wir – im Gegensatz zum Finanzkapital – den Wert aller nicht materiellen Leistungen und Güter.

Vor Kurzem machte das Basel Institute of Commons and Economics zusammen mit der Entwicklungshilfeorganisation One-World bei 557 Familien des nepalesischen Bergvolkes der Chepang eine Umfrage zum Sozialkapital. Ganz oben fragten wir als Erstes, was die Chepang anderen außerhalb der Familie ohne Anspruch auf Gegenleistung schenken. Auf Platz eins der Hitliste der Geschenke stand zu unserer Überraschung etwas, was in unserer Kultur auf den hinteren Plätzen landet: Essen und Wasser. Da die Chepang aber ein Bauernvolk sind, verschenken sie damit überwiegend das, was auch ihr einziges Wirtschaftsgut ist. Das wäre so, als ob wir Autos und Werkzeugmaschinen verschenken würden.

Umfragen, die wir in Deutschland durchführten, ergaben, dass bei uns Aufmerksamkeit als erstes Geschenk genannt wird. Man könnte also folgern: Da die Deutschen in ihrer technologischen Informationsgesellschaft mit Aufmerksamkeit handeln, etwa in Gestalt von Kultmarken im Automobilsektor, verschenken sie auch gerne Aufmerksamkeit. Dieses bisher unveröffentlichte Ergebnis ist aber auch für Deutschland überraschend.

Es wird aber durch weitere Indizien gestärkt: So spielen zahlreiche deutsche Fernsehserien und Fernsehfilme in Österreich, Thailand, Südafrika, Spanien, Frankreich, Italien, Großbritannien und sogar Schweden.

Wie kein anderes Volk außer vielleicht Schweizern und Skandinaviern interessieren sich die Deutschen für fremde Menschen, Kulturen und Länder. Das Ergebnis dieses in Jahrzehnten aufgebauten Interesses, dessen Hauptakteur der die jeweilige Landessprache beherrschende Individualtourist ist, kann in einer Umfrage der British Broadcast Cooperation BBC nachgelesen werden: Danach sind Deutschland und seine Einwohner das beliebteste Land der Welt.

Ist Sozialkapital also sogar exportierbar? Unbedingt! Die Geschenke der Menschen und Kulturen, das legendäre Lächeln der Asiaten, die unermüdliche Gastfreundschaft der Wüstenvölker, die Hilfsbereitschaft der Angelsachsen, die überschäumende Lebensfreude der Südamerikaner – all dies bildet den Stoff, aus dem Sozialkapital gebaut wird.

Wenn aber Sozialkapital überwiegend auf Geschenken aufbaut, dann entsteht in den modernen Wohlfahrtsstaaten Europas ganz schnell eine Sozialkapitalvernichtung: Wenn die Aufmerksamkeit für Kinder nur noch von bezahlten Nannys, die Aufmerksamkeit für Alte von überforderten Altenpflegerinnen und Krankenschwestern, die Aufmerksamkeit für Burn-out-geschädigte Berufstätige nur noch auf Kassenschein von Psychologen und Psychotherapeuten kommt, dann ist die Chance für den Einsatz geschenkter Aufmerksamkeit gesunken.

Wie kann man das durchbrechen? Ich zum Beispiel habe mir angewöhnt, als Radfahrer (Herrenrad in Zivilkleidung, nicht Mountainbike mit Kampfmontur) und Flaneur oft bei Menschen anzuhalten. Heute Morgen beobachtete ich, wie eine ältere Frau den Vorgarten einer kleinen Kapelle am Friedhofsrand säuberte. Obwohl ich unter Zeitdruck mit meinem Sohn auf dem Kindersitz Richtung Kindergarten unterwegs war, hielt ich an.

Sie lächelte über das ganze Gesicht. »Nachts schließe ich ab«, antwortete sie auf meine Frage, wann die Kapelle offen sei. »Ich lehne die Tür aber nur an.«

Eine gepflegte Kapelle ist eine besondere Form von Sozialkapital, da sie alle Formen von Geschenken in sich vereint: architektonische Schönheit – diese verfügte sogar über einen kleinen Glockenturm –, Raum für Spiritualität und Besinnung, Belebung des öffentlichen Raumes, Orientierungsort bei der täglichen Routinefahrt, Biotop und wahrscheinlich vieles mehr. Das Wundervolle:

Die Kapelle wurde ja ausdrücklich als Ausdruck von Dank gestiftet, sie ist also nicht nur eine Freeware-Werbemaßnahme. Sie steht jedem Besucher offen, gleichgültig, ob dieser Katholik, Protestant, Muslim oder Atheist ist.

Wie arm wären viele Wege und Straßen ohne Kapellen!

Der Unternehmensberater, der sich Gedanken um die Pflege im Alter macht, die alte Frau, die die Kapelle pflegt und unterhält – sie sind die Aktionäre des deutschen Sozialkapitals. Im Wort des verpönten Begriffes Aktionär steckt eigentlich das größte Kompliment, nämlich in Aktion zu sein. Mit dem Einsatz seines Kapitals – in unserem Falle des Sozialkapitals – sorgt der Aktionär dafür, dass das Unternehmen überhaupt funktionieren und arbeiten kann.

Der Gedanke des Sozialkapitals führt fast zwangsläufig dazu, die Besitzer des Sozialkapitals als Aktionäre anzusehen. Ihre Dividende besteht oft nur einem Lächeln oder einem freundlichen Gruß. Der Wert ihrer Aktie schwankt mindestens ebenso stark wie die Aktien an den Börsen. Es gibt Tage, da liegt das Sozialkapital nahe null. Und am nächsten Tag ist es eine Blumenwiese mit Tausenden von Bienen.

Man könnte aber die Einführung von Sozialkapital als den Versuch der Finanzwirtschaft ansehen, auch die letzten Ecken des Miteinanders zu kapitalisieren und so die Renditen der Finanzanlagen zu erhöhen. Viele Menschen, die etwas freiwillig und ehrenamtlich für andere tun, möchten dies ausdrücklich nicht bewertet und damit potenziell vergütet sehen. Aus gutem Grund: Die Geschenke der Menschen sind Ausdruck ihrer Seele und ihrer Lebenshaltung, nicht Sparmaßnahmen für Sozial- und Gesundheitshaushalte.

In der Schweiz werden regelmäßig 40.000 Schweizerinnen und Schweizer nach der sogenannten Freiwilligenarbeit befragt. Dabei sollen sie wählen, ob ihre Tätigkeit mehr eine ausführende Hilfstätigkeit oder eher eine organisierende Leitungstätigkeit ist. Als wir dann 1.000 soziale Organisationen und Stiftungen danach fragten, was sie anderen schenkten, boten wir als dritte Antwortmöglichkeit auch an, die eigene Tätigkeit als »rein ideell« zu bezeichnen. Vor diese Wahl gestellt, wollte kein Freiwilliger mehr als ausführender Helfer oder ruhmreicher Organisator gesehen werden: 80,7 Prozent wurden zu reinen Idealisten. Unter ihnen waren auch die Mitarbeiter der Stelle, die die Essensausgabe in der Sozialfürsorge durchführt.

Damit hätte sich der Kreis geschlossen: So, wie die nepalesischen Chepang Essen als größtes Geschenk an andere betrachteten, wollte sich auch die Basler Essensausgabestelle als Ort der Geschenkkultur, nicht als Lebensmittelverteiler sehen.

Eine Frage stellt sich nun: Ist vielleicht der Wert der immateriellen Güter und Leistungen der Gemeinschaft viel höher, als es die Nischen der Freiwilligenarbeit in Vereinen vermuten lassen? Leben wir vielleicht in einer Geschenkwirtschaft, ohne es zu wissen?

Haben wir in Zeiten ohne Not und Krieg vergessen, wie viel wir gemeinsam ohne Geld leisten und bewirken können?

Dann könnte »Gemeinsam sind wir reich« zu einem Programm werden, das auch künftige Generationen vor dem Ruin schützt und ihnen die bisherige Abfolge von Zerstörung und Wiederaufbau erspart.

Was Sozialkapital von anderem Kapital unterscheidet

Als in den 90er-Jahren zum ersten Mal in den Wirtschaftswissenschaften der Begriff *Humankapital* auftauchte, wurde damit der Wert des Wissens, der Ausbildung und Erfahrung der Mitarbeiter von Unternehmen bezeichnet. 1991 gelangten Heinz Lampert und Georg Ewerhart von der Universität Augsburg so auf einen Wert der arbeitsfähigen Bevölkerung Deutschlands in Höhe von 21 Billionen D-Mark. Nach dem Vorbild eines Bienenstocks werden bei der Berechnung von Humankapital die Kosten, die in die Erziehung und Ausbildung eines Menschen investiert werden, seinem unternehmerischen Nutzen und seiner Produktivität gegenübergestellt. Diese Sichtweise auf Bildung, Erziehung und Nachwuchspflege erschien jedoch vielen als Herabwürdigung der Individualität und der Fähigkeiten des einzelnen Menschen. Im Jahre 2005 kürte eines sechsköpfige Jury von Sprachwissenschaftlern Humankapital zum Entsetzen der Ökonomen zum Unwort des Jahres. Der Begriff Humankapital, so die Literaten, degradiere nicht nur Arbeitskräfte in Betrieben, sondern mache den Menschen allgemein zu einer nur noch ökonomisch interessanten Größe. Dies führe dazu, dass alle Lebensbezüge nur noch ökonomisch bewertet würden, was alle Bereiche der Politik durchdringe.

So werde die primär ökonomische Bewertung aller Lebensbezüge gefördert, die auch die aktuelle Politik immer stärker beeinflusse. Die Kritik am *Homo oeconomicus* ist inzwischen das Grundelement jeder Sonntagsrede. Vom Humankapital ist nicht mehr viel die Rede. Es scheint, als sei die Idee, den Menschen als Wissens-, Qualifikations- und Erfahrungsträger zum bilanzierbaren Wirtschaftsgut zu machen, spätestens seit Ausbruch der Weltfinanzkrise 2008 nicht mehr salonfähig.

Auch die zweite Kapitalart – das *Finanzkapital* – hat seitdem sehr an Akzeptanz eingebüßt. Inzwischen übersteigen die in Wert-

papieren enthaltenen Schulden das gesamte Geld aller Zentral-
banken um das Hundertfache. Sogenanntes Fiat-Money (fiat: es
werde) entfaltet unkalkulierbare Hebelwirkungen. Die inzwischen
selbst von Politikern als Realwirtschaft bezeichnete Produktion
von Lebensmitteln, Werkzeugen, Gebäuden und Maschinen trägt
immer weniger zur Wertschöpfung bei. Das Ergebnis: Selbst im
Industriestaat Deutschland stammen bereits 35 Prozent des Volks-
einkommens aus Kapitalerträgen. Allerdings stehen hinter dem
Finanzkapital nicht wenige, superreiche Einzelpersonen, sondern
Vermögensverwalter wie Pensionsfonds, Hedgefonds und Lebensversicherungen, die die kapitalbasierte Altersvorsorge von Hun-
derten Millionen Menschen in den wohlhabenderen Teilen der
Welt bündeln. Deren Sparleistung zur Altervorsorge soll mit maximaler Rendite angelegt werden, was nur durch ein Wachstum der
Realwirtschaft möglich würde. Dieses bleibt aber seit etwa 30 Jahren aus – so lange stagnieren bereits die Reallöhne, und kreditfi-
nanzierte Ausgaben ersetzen eine echte Nachfrage nach Produkten
und Diensten. Die Zahl der Geburten geht in allen westlichen Ländern zurück. Immer mehr hochbetagte Menschen haben Anspruch
auf zum Teil sehr hohe Renten und Pensionen, die die Berufstätigen nicht mehr erwirtschaften können. Die Vorstellung aber, »das
Kapital« solle sich doch gefälligst von alleine vermehren, ist unrealistisch: Wenn die verbleibenden Berufstätigen immer mehr Zinsen, Steuern, Mieten und Sozialabgaben leisten müssen, stößt die
Renditeerwartung an eine Grenze.

Wenn sowohl das Humankapital als auch das Finanzkapital zunehmend fragwürdig erscheinen, dann verheißt der Begriff *Sozialkapital* auf den ersten Blick eine Alternative, die man am Beispiel
des Unternehmensberaters im vorigen Kapitel gut aufzeigen kann:
Immaterielle Güter wie Vertrauen, Geschenke und Hilfsbereitschaft
ersetzen dann in vielen Lebensbereichen die nicht mehr finanzier-
baren Leistungen. Aber Vorsicht: Wenn Sozialkapital selbst nur Ausdruck der verzweifelten Suche des erschöpften Finanzkapitals nach
neuen, verpfändbaren Werten wäre, böte es keinen Ausweg aus dem
Zwang der Ökonomie, immer mehr Rendite zu erwirtschaften. Dass
von Sozialkapital noch sehr wenig gesprochen wird, liegt in erster

Linie daran, dass es bis heute unklar ist, was unter Sozialkapital zu verstehen ist. Soziale Netzwerke mit altruistischen Motiven ihrer Mitglieder, wie die Sozialkapital-Pioniere Pierre Bourdieu und Robert Putnam vermuteten? Ein Produktionsfaktor, wie Ingo Roll-wagen von der Deutschen Bank Research in der Formel *Humanka-pital + Sozialkapital = Wirtschaftswachstum* behauptet? Die OECD jedenfalls musste 2004 in ihrem Bericht »Vom Wohlergehen der Nationen« selbstkritisch feststellen:

»Die Forschung im Bereich des Sozialkapitals befindet sich der-zeit noch im Frühstadium, sodass bislang noch keine verlässliche Aussage darüber möglich ist, ob es mit bestimmten Programmen oder Maßnahmen gelingen wird, die vorgegebenen Ziele im Hin-blick auf das Sozialkapital zu erreichen.«

Als Beispiele für erfolgreich eingesetztes Sozialkapital nannte die OECD unter anderem die italienische Stadt Pistoia, wo die Stadt-verwaltung kostenlose Räume für Kinder und Familien bereitstellt.

Wenn allerdings staatliche Leistungen als Ausdruck von Sozial-kapital bewertet werden, dann hängen diese öffentlichen Güter (pu-blic goods) völlig von der Finanzkraft des Staates ab. Somit ist So-zialkapital dann identisch mit dem Finanzkapital und dem durch das Finanzkapital ermöglichten Steueraufkommen – dies zeigte auch ein vom Basel Institute of Commons and Economics durch-geführter Vergleich von acht internationalen Indizes. Es stellt sich die Frage, ob Sozialkapital nicht als das ganz andere, jeder monetä-ren Bewertung entzogene Gut betrachtet werden sollte. Der Vorteil davon wäre, dass Gemeinschaften, die sich nur wenig öffentliche Güter und keine hohe Qualifikation und Ausbildung ihrer Mitglie-der, also kein Humankapital leisten können, dennoch über Werte verfügen. Dies klingt sehr idealistisch – und das ist es auch: Solange die Messlatte der Bewertung von Gemeinschaften immer nur an Leistungen wie Gesundheit, Bildung, Recht und Umweltschutz an-gelegt wird, die hohe materielle Ressourcen erfordern, werden viele Länder immer wieder an dieser Hürde scheitern und als Developing Countries (Entwicklungsländer) meist vergeblich darauf warten, den Wohlstand zur Finanzierung öffentlicher Güter zu erreichen. Wenn Sozialkapital aber die Summe immaterieller Güter, etwa von

Vertrauen, Geschenkkultur, Gastfreundschaft, Freundlichkeit und Hilfsbereitschaft ist, dann existiert Sozialkapital auch in armen Gemeinschaften. Erste Studien in der reichen, bayerischen Landeshauptstadt München ergaben, dass die nicht materiellen Güter in ärmeren Stadtbezirken deutlich besser entwickelt waren als in den Villenbezirken.

Was also nach dieser Sichtweise Sozialkapital von Humankapital und Finanzkapital unterscheidet, ist sein völlig ideeller Charakter. Nichts hindert einen Menschen daran, zu anderen freundlich oder gastfreundlich zu sein. Vertrauen auch in fremde Menschen zu haben, ist eine Grundhaltung, die nicht vom Kontostand abhängt. Dinge zu verschenken – und sei es nur ein Lächeln oder ein Gebet – ist Ausdruck eines inneren Reichtums. Viele Kinder verfügen von Natur aus über diese Formen von Sozialkapital – und verlieren sie erst in der Schule, wo durch Benotung und Leistungsdruck eine künstliche Atmosphäre des Wettbewerbs geschaffen wird; künstlich, weil die Gesellschaft ja nicht gezwungen ist, einen studierten Ökonomen gesellschaftlich höher zu bewerten und zu bezahlen als einen Waldarbeiter oder eine Kindergärtnerin. Erst die Verbindung von Beruf mit gesellschaftlichem Ansehen und Einkommen führt dazu, dass die Schule scheinbar Gewinner und Verlierer produziert. Wir werden darauf noch kommen.

Sozialkapital nicht als Produktivitätsfaktor anzusehen, hat für den Sozialkapitalforscher drastische Konsequenzen, da er weder aus der Wirtschaft noch von der Verwaltung bezahlte Aufträge bekommen kann. So lehnte das Schweizer Wirtschaftsministerium ein Forschungsprojekt zur Erhebung und Entwicklung des Sozialkapitals von Langzeitarbeitslosen mit der Begründung ab, dies diene nicht deren Wiedereingliederung in den ersten Arbeitsmarkt. Die Bertelsmann Stiftung lehnte es ab, einen Sozialklimaindex zu unterstützen und der Schweizer Nationalfonds ließ einen Antrag zur Messung des Sozialkapitals der Schweiz gar nicht erst an die Gutachter weiterleiten, sondern lehnte ihn ohne Prüfung ab.

Sozialkapital als nicht in Geld messbarer Wert gerät daher mehr in die Nähe von Religion, Kunst und Kultur, deren Inhalt größtenteils nicht materielle Geschenke sind.

Wer aber »besitzt« nun dieses Sozialkapital? Ganz einfach: jeder! Da der Inhalt der Geschenke völlig unterschiedlich ist, kann er nur qualitativ bestimmt werden. Daraus resultiert die in diesem Buch mehrfach erwähnte Frage: »Was schenken Sie Menschen außerhalb Ihrer Familie ohne Anspruch auf Gegenleistung?« Wenn so frei nach Sozialkapital gefragt wird, steht auf einmal die Aufmerksamkeit neben der Pflege von Behinderten, der wöchentliche Brief neben der Armenspeisung, der morgendliche Gruß neben der Hilfe in Haus und Garten. Erstaunlich: Kein Mensch trennt zwischen materiellen und nicht materiellen Dingen, wenn er nach Geschenken gefragt wird. Jedem ist bewusst, dass das Schenken überall und in vielen Formen stattfindet – keineswegs nur als Spenden, wie es der World Giving Index glauben machen möchte. Dass Philanthropie an Geld- und Sachspenden geknüpft wird, ist eine der vielen Fehlinterpretationen von Sozialkapital. Dementsprechend liegen in diesem Index dann Länder wie die USA, Großbritannien und Australien vorne, wo private Initiativen Leistungen ersetzen, die in Deutschland und Skandinavien selbstverständliche Aufgaben des Staates sind.

Wenn Sozialkapital hier nun so radikal als ideelles, nicht geldwertes Kapital definiert wird – was ist dann sein Nutzen? Und kann es überhaupt gemessen werden? Wir werden mit der Diskussion verschiedenster Formen und Aspekte von Sozialkapital versuchen, diese Fragen zu beantworten.

II

Wie Gemeinschaften erfolgreich ihr Sozialkapital nützen

Haben Orte eine Seele?
Das genossenschaftliche Gasthaus in Bollschweil

Die Gemeinde Bollschweil im idyllischen badischen Weinland südlich von Freiburg hatte das Problem vieler Dörfer: Das örtliche Wirtshaus wurde nach ständigen Pächterwechseln geschlossen. Bewohner und Gäste mussten in Nachbardörfer fahren, wenn sie ein Glas Wein oder eine Brotzeit begehrten. Aus deutscher Beamtensicht sind Wirtshäuser bisher eine privatwirtschaftliche Angelegenheit, die zwischen Grundstückseigentümern, Brauereien und Pächtern, zwischen Banken und Lieferanten zu regeln ist. Behörden stellen allenfalls Auflagen für den Betrieb einer Gastronomie, treiben perfide Sondersteuern wie die Sektsteuer ein und verbieten das Rauchen, einen Gastgartenbetrieb am Abend und Tische auf dem Gehsteig, aber sie fördern und betreiben sie nicht. Das geflügelte Wort »Wer nichts wird, wird Wirt« stammt noch aus der Kaiserzeit. Es drückt die Verachtung aus, die in Deutschland nicht nur den Wirten, sondern auch Köchen und Bedienpersonal entgegengebracht wird. Sie drückt sich im niedrigen Lohn, im niedrigen Sozialprestige, insbesondere aber am Desinteresse am Wohlergehen und Leiden der Gastronomie aus. Verrückt: Während deutsche Touristen vom Beiserl in Österreich, der Straßenküche in Thailand und der Trattoria in Italien schwärmen, scheint es ihnen nichts auszumachen, dass die heimische Küche fast ausgestorben ist. Nicht nur in Vororten, auch in vielen Dörfern haben deshalb Asiaten, Griechen, Jugoslawen und Italiener die undankbare Bereithaltung von Nahrungsmitteln und Getränken abends und am Wochenende übernommen.

Josef Schweizer, der Bürgermeister von Bollschweil, wollte sich mit diesem, gerne als unaufhaltsamen »Strukturwandel« verharmlosten Desaster nicht abfinden. Als er mit anderen Bewohnern die Idee eines gemeinsamen Dorfgasthauses auf den Tisch brachte, stieß er auf Widerstände in der Verwaltung wie in den Gastronomieverbänden. Es gilt in den öffentlichen Verwaltungen als heiliges Dogma, dass die missliebige Gastronomie von Pächtern betrieben und deshalb an diese ausgeschrieben werden muss. Und nun finanzierten und betrieben Gemeinde und Bürger einfach ein genossenschaftliches Dorfgasthaus. Nach vierjähriger Planungszeit war es Ende 2009 so weit: Das innen elegant ausgebaute »Bolando« mit seinen Eichenböden, der Bar und modernen Möbeln – ebenfalls aus Eiche – eröffnete seine Pforten direkt an der Hauptstraße. Ein Satz in der Badischen Zeitung drückt aus, dass es hier um mehr ging als um das Schließen einer Versorgungslücke: »Eine Wirtschaft, die, wenn alles gut geht, die neue Seele der Gemeinde wird.«

Bisher ging alles gut. Falls hier ein paar Gemeinderäte mitlesen: Finanziert wurde das Bolando über Haus und Grundstück, die von der Gemeinde für 400.000 Euro erworben und der Genossenschaft auf Erbpacht mit 50 Jahren Dauer bereitgestellt wurden. 200 Anteilszeichner brachten bereits in der Gründungsphase 200.000 Euro auf. Noch einmal so hoch war der Wert der ehrenamtlich erbrachten Arbeitsstunden für Ausbau und Renovierung. Gesamtkosten: rund 800.000 Euro.

Welche Auswirkung aber hat so eine »Seele der Gemeinde« auf das normale Wirtschaftsleben? Wir können uns vorstellen, dass die Menschen nun eher in Bollschweil bleiben und sich sogar neue ansiedeln. Dass die Geburtenrate steigt. Dass Grundstücke nicht gerade billiger werden. Dass Arbeitgeber leichter Mitarbeiter finden. All das sind Vermutungen, keine harten Fakten. Da es aber um die Seele des Ortes geht, sind solche Vermutungen angebracht. Jeder Personalleiter weiß, dass zufriedene und ausgeglichene Mitarbeiter produktiver arbeiten und weniger krank werden. Warum soll das nicht auch für Dörfer, Stadtteile, Regionen, ja für ganze Staaten gelten?

Zufriedenheit ist aber ein seelischer und leider sehr schwankender, in der Sprache der Finanzen volatiler Zustand. Wer von uns hat noch nicht erlebt, dass er nach Jahren einen Ort wieder besuchte, dessen Seele er einst derart intensiv empfunden hatte, dass sein Aufenthalt dort zu den verklärten Highlights seines ganzen Lebens zählt? Je weiter aber dieses Erlebnis zurückliegt, desto schwerer wird es, die menschlichen Begegnungen, das Ambiente, die Gerüche, Farben und Geschmäcker als Einzelfaktoren zu isolieren. Am Ende steht deshalb das mythische Empfinden, dieser Ort »hatte« es. Wir neigen dann dazu, dem Ort selbst das Verdienst unseres wundervollen Erlebens zuzuschreiben. Der Ort wird nun ein heiliger Ort, indem er uns eine ganz private und individuelle Offenbarung des gelungenen Lebens geschenkt hat.

Orte, die dauerhaft verlässliche Lieferanten solcher Erlebnisse sind, etwa Paris, New York, Venedig, Salzburg, Wien und Berlin, führen in der Weltliga des Städtetourismus. Ihr Geschäft besteht in der kommerziellen Verklärung individueller Erfahrungen dessen, was man als Seele des Ortes bezeichnet.

Übrigens kommen jetzt natürlich auch mehr Auswärtige – wie eben ich – ins Bolando nach Bollschweil und rühmen dabei gleichzeitig, wie sehr sie überwiegend unter Einheimischen sind. Wenn wir auf der Suche nach der Seele eines Ortes ein großes, größtes Kompliment machen, dann besteht es meist darin, dass wir Besucher dort vor allem unter den eingeweihten Einheimischen die einzigen Fremden waren. Wir rühmen die Geschlossenheit der heimischen Szene, ihre Riten und Kulte, ja, sogar ihre Verschlossenheit gegen Fremde. Dagegen beklagen wir austauschbare Services für Touristen und Symbole der Weltgesellschaft wie McDonald's oder Heineken-Bier.

Über diese Besonderheit des Individualtouristen ist bereits viel philosophiert worden. Es besteht Einigkeit darin, dass es für die Identität des Individualtouristen existenziell ist, sich möglichst nur unter Einheimischen, gar noch unter Verwendung von deren Sprachen und Gebräuchen, zu bewegen. Dafür ist er bereit, erheblich mehr Geld als der Pauschaltourist zu investieren. Er riskiert dafür sogar oft seine Gesundheit und sein Leben. Alles, was wir in unserer Kultur über die Seele von Orten erfahren, stammt aus den Berichten des Connaisseurs und Flaneurs, des Insiders der Locations, des Whistleblowers der geheimen Treffpunkte.

An dieser Stelle sollte ich erwähnen, dass der von mir ausgeübte Beruf eines Soziologen vom Lateinischen »sozius« abstammt, was

Nachbar bedeutet. Soziologie ist also die Kunde und das Wissen von der Nachbarschaft. Damit muss der Soziologe eigentlich ein reisender Flaneur sein und daher teilt er natürlich die allgemeine Sehnsucht nach der Existenz einer Seele des Ortes. Sobald er am Flughafen oder Bahnhof ankommt, drängt es ihn – man müsste sagen: zwanghaft – weg von jeder geregelten Information, von Werbung, Beratung und Stadtführung hin zu den Orten, wo er die Seele vermutet. Einst galten noch Taxifahrer und Portiers als bewährte Tippgeber für überwiegend männliche Individualtouristen. Der urbane Seelensucher hört auf kein Internet und keinen Ratgeber. Sein Ehrgeiz ist es, die Seele selbst und allenfalls in Verbindung mit unkalkulierbaren Zufallsbekanntschaften zu erobern. Er verbittet sich jeden Rat, jeden Tipp, jede Einmischung

Dieses eher künstlerische Vorgehen ist relativ neu und hat einen erstaunlichen, messbaren Effekt: Es führt zu einer immer weiteren Dezentralisierung der Reiseströme und damit zu einer immer breiteren Verteilung der Seelenerlebnisse und der mit ihnen verbundenen Ausgaben. Längst gibt es Reiseschriftsteller wie etwa Roger Willemsen oder Max Goldt, Fernsehsoziologen wie Norbert Gernstl (Fernsehserie »Mit Gernstl unterwegs«), die sich nur noch für die Seele des Ortes interessieren. An ihnen und ihrem ständig wachsenden Publikum geht die völlig autistische Tourismuswerbung zielsicher vorbei. Sobald nämlich etwas als Sehenswürdigkeit beworben und herausgestellt wird, wenden sich die Seelensucher ab. Insbesondere Museen, Baudenkmäler und die allerorten vorhandenen, meist wunderschönen Kirchen und Dome verzeichnen deshalb Besucherrückgänge. Sie vermögen es immer weniger, als Ort der Seele wahrgenommen zu werden. Man mag – wie ich – einmal das Deutsche Museum in München, das Ulmer Münster oder den Dom von Speyer besichtigt haben. Warum aber sollte man es ein zweites Mal tun?

Die Bollschweiler hätten mit 800.000 Euro auch einen Waldlehrpfad mit Schulungshaus, ein Naturschwimmbad oder ein Heimatmuseum einrichten können. Oder eine Verkehrsberuhigung der Durchgangsstraße mit Brunnen. Aber dabei wäre nichts entstanden, was die Badische Zeitung dann als Seele der Gemeinde hätte bezeichnen können.

Erste Lehre aus der Bollschweil-Geschichte: Die Seele eines Ortes ist offensichtlich kein tradierter Bestand, sondern sie kann hergestellt werden. Das ist eine gute Nachricht für die große Mehrheit von kleinen und großen Orten, deren überlieferte Seelenplätze wie Kirche, Markt oder Dorfgasthaus nicht mehr funktionieren. Das ist auch eine gute Nachricht für uns Flaneure und Soziologen, denn theoretisch könnten wir beauftragt werden, eine neue Ortsseele einzurichten. Seit Jahrzehnten überließ man dies Architekten und Stadtplanern, die jedoch immer nur eine bauliche Infrastruktur herstellten, deren Nutzung aber nicht Teil des Konzeptes war. Verwaiste, zugige Plätze mit nie genutzten Bänken um den Brunnen des ortsansässigen Bildhauers, Museen und Versammlungsräume mit lieblosen Notküchen und grauenhaften Cafeterien, Fußgängerzonen mit Ketten wie kik, Nordsee und dm vertrieben selbst zarteste Ortsseelen dauerhaft. Das Ergebnis: Die Bewohner fahren mit dem Auto in größere Einkaufszentren und suchen im Wochenendurlaub die verlorene Seele andernorts. Erste Läden stehen leer. Das Ortszentrum entvölkert sich. In die Büros ziehen Barmer, Allianz, Arbeiterwohlfahrt und AOK.

In der ehemaligen DDR gab es selbst in kleinsten Dörfern ein Volkshaus mit einer Gaststätte. Nur wenige überlebten die Wende. Alleingelassen von der nunmehr mobilen Dorfbevölkerung mit ihrem Nachholbedarf an McDonald's, Ikea und Aldi, wanderten sie hoch verschuldet in die Pleite. Keine Partei, kein Ministerium, kein Bürgermeister hielt sie für erhaltenswert. Eine Gaststätte ist ja »Privatwirtschaft« – diese völlig falsche und unsinnige Aussage hört man auch heute noch allerorten. Nein, eine Gaststätte ist nicht Privatwirtschaft, sondern sie ist ein unverzichtbarer Teil des örtlichen Sozialkapitals und nicht selten die Seele eines Ortes.

Heute wird diskutiert, ob Landärzte Prämien dafür erhalten sollen, in unbeliebten Gegenden ihre Praxis fortzuführen. Sparkassen, Raiffeisenbanken und Kommunen klagen über Abwanderung und die dadurch verursachten sinkenden Grundstückspreise und Steuereinnahmen. Dass eine noch so verlustreiche Gastwirtschaft die Grundvoraussetzung dafür ist, überhaupt noch eine Gemeinde mit Bürgermeister als Rechtseinheit aufrechtzuerhalten – darüber hört man kein Wort von den Funktionären des deutschen Städte- und Gemeindebundes und vom Deutschen Städtetag. Sie tun so, als seien Kommunalfinanzen eine reine Aufteilungsfrage zwischen Bund, Ländern und Gemeinden. Sie merken nicht, dass die Verwaltungsdienstleistungen auch ihren Wert verlieren, wenn der Ort keine Seele, kein Sozialleben hat. Sie können längst problemlos über das Internet oder in der Kreisstadt erledigt werden. Die kommunale Selbstverwaltung hat nämlich – und das teilt sie mit der Gastwirtschaft – keine rationale Aufgabe, sondern sie ist ebenfalls Geist und Seele des Ortes. Der gewählte Gemeinderat vertritt die Interessen der Bürger, oft allerdings reduziert auf das Bauen als einzige Form des Soziallebens. Wer bauen darf, wie er bauen darf, wo er bauen darf – diese Frage steht meist im Mittelpunkt der Gemeindediskussionen. Aus gutem Grund: Je mehr gebaut wird, desto größer wird die Dorfgemeinschaft, desto vielseitiger und durchmischter die Bevölkerung, desto geringer aber auch der Einfluss der ursprünglich dort Lebenden. Mit der Kontrolle über das Bauen wird auch die Seele des Ortes beschworen: Passen die Bauten zum Ortsbild? Das Bolando in Bollschweil ist nicht gerade ein architektonisches Highlight. Es ist weder eine Replik auf die Romantik der Winzerhöfe im badischen Weinland noch wagt es die zunehmend etablierte Bauhausarchitektur mit Sichtbeton und Lärchenholzverkleidungen. Es steht irgendwie dazwischen. Aber es funktioniert. Ein sorgfältig geplantes, einheitliches Ortsbild bietet leider keinerlei Garantie dafür, dass der Ort auch eine Seele hat, ja, dass man auch nur für ein paar Minuten innehält und promeniert. In vielen schmucken Dörfern ist das erste Haus am Platz, die Post, der Hirsch, ein liebloser Conveniencebetrieb mit tiefgekühlten Pommes, Pute und Zander, südafrikanischem Wein und Fertigkaiserschmarrn auf der Karte. Das Bier kommt – etwa in Oberbayern – nicht mehr von lokalen Kleinbrauereien, sondern von Paulaner, Hacker-Pschorr, Löwenbräu und Spaten. Der Kenner entnimmt bereits dem Brauereischild und der Speisekarte, dass hier keine Ortsseele mehr zu erwarten ist. Anders die Einheimischen: In Ermangelung anderer Möglichkeiten feiern sie dort ihre Geburtstage, Taufen, Hochzeiten und Begräbnisse. Die Gastwirtschaft ist gut frequentiert und auch der Stammtisch ist besetzt. Der Gemeinderat geht nach der Sitzung ins Stüberl. Und doch wäre die Gastwirtschaft in dem Moment gefährdet, in dem eine lokale Genossenschaft mit hohen Qualitätsansprüchen das Ganze in die Hand nehmen würde.

Eine heikle Situation: Kann man als Soziologe so eine Verdrängung guten Gewissens wünschen? Schließlich können ja auch genossenschaftliche Dorfgasthäuser durch ungünstige Öffnungszeiten, unfreundliche Mitarbeiter und lieblose Convenienceprodukte die Freude des Gastes mindern.

Eine Aussage ist aber möglich: Weder das alteingesessene erste Haus am Platz noch das nicht mehr vorhandene Dorfgasthaus sind eine Angelegenheit der Privatwirtschaft. Öffentliche Treffpunkte, seien es Kinos, Geschäfte, Cafés oder eben Gasthäuser, sind immer auch Teil der Gemeingüter. Es kann deshalb genauso sinnvoll für eine Gemeinde sein, einem alteingesessenen Betrieb zu helfen und diesen zu subventionieren.

Wenn Fremde und Einheimische sich begegnen, bezeichnet man das als öffentlichen Raum. Es ist zumindest in Europa unumstritten, dass für den öffentlichen Raum auch die sogenannte öffentliche Hand zuständig ist. Sie gewährleistet Sicherheit, Sauberkeit, aber eben auch die Frequentierung des Raumes. Für alle drei Leistungen ist sie sehr auf die Mithilfe der Besucher angewiesen. Kommen sie überhaupt? Und wenn ja, wie nutzen sie diesen Raum? Als Hundetoilette? Als Abfalleimer? Als Fluchtraum vor privatem Elend in der Familie? Als Bühne und Podium zur Selbstdarstellung und Selbstfindung? Als Austauschraum für Klatsch und Tratsch?

Wenn man sich die Zeit nimmt, die Gegend rund um das Bolando in Bollschweil näher zu beobachten, wird man feststellen, dass dort auch weitere Treffen und Begegnungen stattfinden, die nicht mit dem Besuch des Bolando verbunden sind. Damit hat das Bolando sozusagen bereits die zweite Stufe einer Ortsseele erklommen: dass sie unabhängig von ihrer Funktion lebt. Einst waren Kirche und Marktplätze solche Orte der Begegnung jenseits des Handels und Gebets, die in erster Linie Vorwände für den Wunsch nach Begegnung waren. So nahmen an den Märkten auch viele teil, die dort wenig oder nichts verkauften. Die Kirche war zu allen Zeiten gefüllt von Menschen, die keine der dort verkündeten Dogmen je glaubten oder diese mit ihrem Leben in Verbindung brachten. Auch die Besucher der modernen Einkaufszentren kommen nicht zum Kaufen, sondern um unter dem Vorwand des Kaufens zu sehen und gesehen zu werden. Nicht Bedürfnisbefriedigung und Versorgung, sondern Neugierde und Sehnsucht bevölkern den öffentlichen Raum.

Durch die Scheiben ist es möglich zu sehen, ob und wer gerade im Bolando sitzt. Das Bolando ist ein ständiges Echtzeit-Barometer des Sozialkapitals. Auch die vorbeifahrenden Autofahrer bewerten und beurteilen, wie es gerade um das Bolando steht. Das Bolando ist ein Tamagotchi für Bollschweil geworden. Die Bewohner tun alles dafür, dem Vorbehalt der Badischen Zeitung (»wenn es gut geht«) entgegenzutreten, also zu beweisen, dass das Bolando funktioniert.

Damit aber erklimmt es die dritte Stufe als Seele des Ortes: Seine Benutzung wird zur Bürgerpflicht. Lange gelang es den Kirchen, diese dritte Stufe zumindest sonntags aufrechtzuerhalten. Nun stehen sie vor einem kontinuierlichen Abstieg in den Seelensphären, an dessen Ende vielleicht in Jahrzehnten eine multireligiöse Genossenschaftskirche mit 30 Laienpredigern stehen könnte, die rund um die Uhr für Musik, Gebet und Gespräch sorgen. »Die Kirche im Dorf lassen«, hieß es lange. Künftig könnte es passieren, dass man die Kirche ins Dorf holen muss.

Bollschweil hat rund 2.000 Einwohner. Nur 200 haben sich an der Genossenschaft beteiligt. Auch dies interessiert uns. Gerne wird heute angeführt, dass geringe Wahlbeteiligung Ausdruck von Politikmüdigkeit und Desinteresse am politischen Geschehen sei. Wie desinteressiert müssen dann die Bollschweiler an ihrem Dorfgasthaus gewesen sein, wenn nur zwölf Prozent der Wahlberechtigten aktiv mitmachen wollten?

Wir lernen: Bei der Hebung des nicht materiellen Reichtums von Gemeinschaften – die ich als Sozialkapital bezeichne – kommt es nicht auf Mehrheiten und Mengen, sondern auf Engagement und Aktivität an. Eine einzige Initiative mit wenigen Mitgliedern kann einen ganzen Ort voranbringen. Die gesamte Markt- und Wahlforschung aber versucht, sogenannte mehrheitsfähige Vorschläge zur Durchführung zu bringen. Zumindest in Gemeinden ist das nicht unbedingt sinnvoll.

Ich lebte Jahrzehnte in einem kleinen Bauerndorf im Rupertigau, dessen Gemeinde sich mit den meisten Kirchgängern in der Erzdiözese Freising rühmen konnte. Die Bewohner des schönen, italienisch anmutenden Dorfes mit seiner gewundenen Dorfstraße stimmten einer Umgehungsstraße zu. Diese hat nicht nur den bescheidenen Tourismus beendet, sondern auch dafür gesorgt, dass Einheimische, die zum großen Teil in umliegenden Weilern und Einzelhöfen leben, nicht mehr ins Dorf kommen. Der Kirchgang ist rückläufig. Auf der Umgehungsstraße haben sich bereits Dutzende schwere Unfälle mit mehreren Toten ereignet. Der Ort wurde von den 600 Bauernhöfen, die ihn einst ausmachten und von denen heute noch 150 bewirtschaftet werden, wie eine Insel abgeschnitten. Natürlich gibt es noch die Sport- und Trachtenvereine, die Chöre, die Schützen und die freiwillige Feuerwehr, den Mütter- und den Rosenkranzkreis. Aber sie wirken nur noch innerhalb der Gemeinschaft. Im Ort selbst begegnet dem Besucher kein Gemeinschaftserlebnis mehr. Die Gemeinschaft ist aus dem öffentlichen Raum in den Pfarrsaal und die Turnhalle gezogen, und bildet sich nur noch für Umzüge und Begräbnisse, also für besondere Anlässe. Der belebte öffentliche Raum, wie wir ihn noch heute auf der italienischen Piazza ersehnen, zeichnet sich gerade dadurch aus, dass er ohne besonderen Anlass ein Erlebnis ermöglicht. Er wird nicht erst durch ein Fest belebt, sondern er belebt sich durch alltägliche Gänge und die damit verbundenen Gänge ins kleine Café, mit dem Bier oder Wein zwischendurch.

Wenn Orte eine Seele haben, dann spürt man sie auf der Piazza.

Obwohl das Bolando an keinem Platz, sondern nur an einer Durchgangsstraße liegt, hat es einen Hauch von Piazza nach Bollschweil gebracht.

Wir sind alle Schriftsteller – wie sich die Isländer nach der Finanzkrise neu erfinden

»Im Grunde hätte uns nichts Besseres passieren können als die Finanzkrise« – mit diesem Satz verblüffte der isländische Schriftsteller Andri Snaer Magnason europäische Journalisten. Während Griechen und Portugiesen das Ende der leistungs- und denkfreien Zeit der dauerhaften Pensionierung beklagen, entfalten die Isländer eine ungewohnte und durchaus ketzerische Aktivität.

Island, so stellten dessen Bewohner überrascht fest, sei das kleinste staatliche Gebilde mit einer eigenen Währung und Sprache. Die Währung ist durch die Schuldenkrise – Island gilt mit einer Verschuldung von 400 Prozent seines Bruttosozialproduktes als das höchstverschuldete Land der Welt – unter Druck gekommen. In Reykjavik berichtet der örtliche Mercedeshändler, er habe zwei Jahre keinen Mercedes mehr verkauft. Jetzt gehe es wieder los. Die Kunden bevorzugten aber spritsparende Modelle im unteren Segment. Der aus Österreich stammende Brillenhändler nahm die Brillen von Prada und Gucci aus dem Programm. Nun hat er ein Familienpackage: Kauft ein Familienmitglied eine Brille, gibt es für ein weiteres Familienmitglied eine Brille gratis.

Magnason veröffentlichte zuletzt ein Sachbuch mit dem Titel »Traumland«. Es handelte von den Auswüchsen der in Island künstlich angesiedelten Aluminiumindustrie und vom Ausverkauf der Landschaft. Die Isländer haben übrigens ihre Banker und Minister nicht ins Gefängnis gesteckt, sondern nur abgewählt. Magnasons Buch verkaufte sich 20.000 Mal. Es wurde Ausdruck und Anfang eines Neuaufbruchs der Isländer. Diese waren einst ein sehr exportstarkes Land. Ihr Exportschatz: Fisch in allen Größen und Formen. Fisch wird von Jahr zu Jahr teurer und die Isländer können mit Fisch dauerhaft Geld verdienen. Die zweite Säule der Isländer ist

Tourismus. Auf dem Höhepunkt des isländischen Bankenhypes kostete ein Hotelzimmer in Reykjavik 500 Euro die Nacht. Eine Luxusclubszene entstand, die bis nach Stockholm, London und New York hippe Leistungsträger anzog. DJ wurde ein Traumberuf. Ein weiterer isländischer Erfolgsschriftsteller, der in Berlin lebende Kristof Magnusson, erzählt, dass es während des Finanzhypes unmöglich war, eine gebrauchte Küche zu verkaufen. Während der Revolten gegen die Regierung und die mit ihr verbündeten Bankmanager sollen bei Ikea Töpfe und Löffel ausverkauft gewesen sein – wegen der Demonstrationen. Magnusson hat eine besondere Erklärung sowohl für den Finanzboom als auch für die Revolte danach: »Risikofreude gehörte in Island immer schon dazu, Sicherheitsdenken weniger. Ein risikoscheuer Menschenschlag wäre ja nie auf die Idee gekommen, in einem offenen Boot auf eine entlegene Insel zu schippern, der wäre in Norwegen geblieben. Island ist eben ein enorm optimistisches und tatkräftiges Land.«

Die isländische Literatur handelt oft von Naturgewalten, die entlegene Höfe bedrohen. Der Fischer hatte schon immer einen äußerst riskanten Beruf. 1955 erhielt Halldór Kiljan Laxness den Literaturnobelpreis. Seitdem heißt es, Island habe die größte Nobelpreisträgerdichte der Welt. Von Laxness gibt es einen Aphorismus, der uns hier interessieren könnte:

> »Gemeinsamkeit. Was die Menschen trennt, ist gering,
> gemessen an dem, was sie einen könnte.«

Allerdings soll Laxness ein arroganter Exzentriker gewesen sein, der seine konservativen Landsleute eher als unzivilisiert verspottete. Gudmundur Andi Thorsson erwähnt, dass Laxness lange Zeit keineswegs beliebt war:

»Mein Großvater gehörte zu denjenigen Isländern, die Halldór Laxness nicht lasen. Einige Leute fanden ihn affig und waren verärgert über seine dauernden Vorwürfe, was die Art der Isländer sich zu kleiden betraf, ihre Ess- und Trinksitten, ihre Häuser, ihre Form der Landwirtschaft und ihr Mangel an Geschicklichkeit in nahezu allen Belangen. Andere wiederum mochten seine sozialistischen Ideen nicht, und wieder andere schließlich konnten schlichtweg mit

Literatur nichts anfangen. Diese Gruppe von Leuten verwandelte sich im Lauf der Jahre von einer lauten Mehrheit zu einer schweigenden Minderheit, bis sie praktisch ganz verschwand. Allmählich spürte die ganze Nation, dass er sich in seinen Schriften direkt an sie wandte. Mit Ausnahme einiger weniger seltener Individuen, wie zum Beispiel mein Großvater.«

Kann sich ein bankrottes Land durch die Besinnung auf seine Sprache und Kultur neu definieren?

Den Griechen, Iren und Portugiesen, auch Briten, Amerikanern, Österreichern und Deutschen wäre das zu wünschen.

Der Untertitel von Magnasons übrigens auch ins Deutsche übersetzten Bestsellers lautete: »Traumland. Was bleibt, wenn alles verkauft ist?« Nun, das Land, das Meer, die Natur, die Sprache, die Menschen …

Im Jahre 2008 veranstaltete die isländische Sängerin Björk ein Konzert gegen die Zerstörung der isländischen Natur durch Kraftwerke und Aluminiumschmieden. Es kamen 30.000 Besucher, zehn Prozent der Bevölkerung. Die Isländer lesen im Schnitt acht Bücher je Einwohner und Jahr. Der isländische Präsident Ólafur Ragnar Grímsson sagte anlässlich der Neuerscheinung von 200 isländischen Büchern in Deutsch zur Frankfurter Buchmesse: »Bücher sind unsere Kultur und Quellen der Kraft. Unsere Wurzeln und die Elemente, aus denen wir uns neu erschaffen können. Sie sind wir selbst!«

Die von den Gläubigern geforderte Verpfändung von Staats- und Gemeinschaftseigentum, die Zinszahlungen, die schnell die Hälfte der Steuereinnahmen verschlingen können, die nie gekannte Arbeitslosigkeit, all dies erzwingt geradezu eine Besinnung auf nicht materielle Werte. In früheren Zeiten gab es auf so eine Situation nur eine Antwort: Auswanderung. Millionen Iren, Briten, Deutsche, Franzosen und Italiener verließen ihr Land, um in den Vereinigten Staaten von Amerika, in Argentinien und Brasilien ihr Glück zu suchen. Das »Yes, we can«, mit dem Barack Obama die Wahl gewann, vereinte über Jahrhunderte die durch Not zur Solidarität gezwungenen Einwanderer in der Erzeugung des American Dream. Heute ist es nur noch eine leere Formel.

Die Isländer haben dagegen einen Weg gefunden, zu Hause zu bleiben: Als Literaten, Naturschützer, Musiker, Fischer und Bauern verabschieden sich immer mehr Isländer von der abstrakten Welt der Geldschöpfung. Sie haben das Glück, dass sie mit Deutschen und Skandinaviern nicht nur dankbare Gäste in ihren Naturschutzgebieten haben, sondern auch Leser und Käufer ihrer Literatur und Musik. Island hat eine einzigartige Sympathieoffensive gestartet, deren Mittelpunkt die Selbstbesinnung auf Natur und Kultur ist. Mit diesen beiden Werten erreichen die Isländer die nach Besinnung dürstenden Seelen ihrer hoch industrialisierten und trotz Krise sehr erfolgreichen Nachbarn.

Man könnte durchaus sagen, dass nicht nur die Isländer, sondern auch Norweger und Schweden mit ihrer Kultur, nicht mit ihrer Wirtschaftsstärke, internationale Reputation als Vermittler und Entwicklungshelfer erworben haben. Den Isländern hilft es nun, dass sie sich nicht die Köpfe einschlagen und, anstatt ständig die Schuldfrage zu diskutieren, gemeinsam ihre alten Kernkompetenzen wiederentdecken. Gemeinsamkeit und Risikofreude sind eine doch recht selten gepaarte Doppelqualifikation.

Und dass ausgerechnet ein Beruf für Individualisten, nämlich der des Schriftstellers, als Gemeinschaft stiftender Kulturträger von der Regierung zum Leitbild für ein neues Island erhoben wird, zeigt, dass nach der Finanzkrise tatsächlich alle Werte umgewertet werden können.

Wann suchen Deutschland, Österreich und die Schweiz ihre Vorbilder nicht mehr in Fernsehshows und an der Börse? Glaubt man Andri Snaer Magnason, dann könnte vielleicht eine richtige Finanzkrise etwas ändern.

In Island zumindest ist das gelungen.

Wie Gemeinschaften ihren Reichtum opfern – der Schatz von Kerala

Eine der ersten und bemerkenswertesten Geschichten, die Studenten der Ethnologie im ersten Semester lernen, trägt den sperrigen Namen *Potlatch*. Mit Potlatch bezeichnete ein Indianerstamm sein Ritual, das aus unserer Sicht völlig unsinnig ist: Einmal im Jahr vernichteten die Stammesmitglieder gemeinsam die angesammelten Überschüsse der Erntezeit. Das kumulative Anhäufen von Gewinnen und deren Verteilung ist keineswegs ein selbstverständliches Ziel von Gemeinschaften. Der Gedanke des Opfers beinhaltete nämlich vielmehr immer eine Zerstörung von Überschüssen, indem diese Ahnen und Göttern gewidmet wurden. Ganze Goldschätze und Armeen von Tonsoldaten, Pferdegeschirre, Edelsteine und Schmuck wurden als Grabbeigaben dem wirtschaftlichen Verwertungskreislauf entzogen. Der Großteil der in Museen präsentierten Schätze der Menschheit stammt nicht aus einem ergaunerten oder verdienten Privatvermögen, sondern wurde unter unterschiedlichsten Umständen von der Gemeinschaft geopfert. Dabei wäre es für die Erben und Priester einfach gewesen, die Schätze zumindest zum Teil für den eigenen Lebenswandel in Luxus abzuzweigen. Warum taten sie es nicht? Warum stahlen die Arbeiter und Handwerker, die die Tempel und Grabkammern errichteten und befüllten, nicht selbst das Gold? Wie konnten sich in Indien, einem bettelarmen Land, jahrhundertelang mit Gold tapezierte Wände und Decken gegen die Gier der Armen und weniger Armen behaupten? Es scheint so, dass privater Reichtum und öffentlicher Reichtum nicht den gleichen Maßstäben und Gesetzen unterliegen. Selbst die ärmsten Länder entwickeln einen großen Ehrgeiz in der Erhaltung ihres öffentlichen Reichtums in Gestalt ihrer Tempel und Grabmäler, Kirchen und Festungen. Als die Taliban in Verkennung des eigenen, afghanischen Kulturerbes mehrere große Buddhastatuen mit der Begründung sprengten, diese seien unislamisch, schüttelten auch alle Islamgelehrten den Kopf: Das Erbe von Kulturen und Zivilisationen ist immer und ausschließlich ein Multikulti-Erbe. Spanien ist noch heute stolz auf die Alhambra und das Erbe der Mauren. Alle europäischen Staaten investieren große Summen in die Freilegung und Erhaltung von Straßen, Festungen, Villen und Bädern aus der Zeit der römischen Besatzung. Es gibt vermutlich keine protestantische Stadt der Welt, die nicht ihre ursprünglich katholische Kirche mit dem gleichen Enthusiasmus pflegt und erhält wie ihre viel später errichteten, protestantischen Schwestern. In Kanada, Australien und den USA gilt das Erbe der Eingeborenenvölker als Grundbestandteil des nationalen Erbes. Längst werden Forschungsstellen betrieben, die das indianische Kulturgut, dessen Bräuche und Sprache wiederherstellen und in Aufführungen lebendig halten. In der chinesischen Retortenstadt Shenzhen gibt es einen riesigen »Erlebnispark der Völker«, in dem Sitte, Religion und Kunst der chinesischen Völker wie in einem Indianerreservat vorgeführt werden. Jeden Abend führen dort Volksgruppen ihre Tänze, Musik und Feste vor Tausenden Besuchern aus der ganzen Volksrepublik auf. Das Museum als Ort des gemeinschaftlichen Reichtums hat das Opfer scheinbar abgelöst. Scheinbar, weil die Errichtung und der Unterhalt eines Museums große Mittel binden, die der Gemeinschaft für andere Zwecke entzogen sind.

Was aber, wenn eine Gemeinschaft über Jahrhunderte gigantische Reichtümer ansammelt, ohne diese als Museum oder goldbedeckten Tempel dem eigenen Volk zum Ruhme Gottes oder der Nation vorzuführen? In einigen Kellerräumen des Tempels der Stadt Thiruvananthapuram im südindischen Bundesstaat Kerala fanden Beamte vor Kurzem einen Schatz, dessen reiner Materialwert auf 15 Milliarden Euro geschätzt wurde. Die indischen Maharadschas waren berühmt dafür, dass sie ihren Reichtum zeigten. Die Betreiber des Tempels aber verbargen ihn über mehrere Jahrhunderte, 20 Generationen lang.

Man kann sich vorstellen, dass diese Generationen zahlreiche Wirtschaftskrisen und Machtwechsel erlebt haben, dass die Tempelwächter wechselten und britische Besatzer sicher gerne in den Besitz des Milliardenschatzes gekommen wären. Seit der indischen Unabhängigkeit wartete zudem seit 1949 ein geldhungriger Staat darauf, Reichtümer zum Unterhalt seiner Beamtenheere aufzutreiben. Der Besitz vieler Adelsfamilien wurde weitgehend enteignet. Viele Maharadscha-Familien sind heute eine Mischung von Hausmeister, Hotelier und Fremdenführer in ihren eigenen Palästen, die vom Staat als Touristenattraktion gefördert werden. Die Königsfamilie von Travancore hatte vor einem Gericht ihre Verantwortung für den Unterhalt des hinduistischen Tempels abgegeben. Wie kann in diesem Umfeld, wie kann in einem Land, in dem noch heute Menschen auf der Straße verhungern, ein derartiger seit dem 16. Jahrhundert aufgetürmter Schatz so lange Zeit unbemerkt und unbenutzt bleiben?

Die bisherige Erklärung für dieses Phänomen macht die Antwort nicht leichter: Danach haben Pilger der den Tempel verwaltenden Königsfamilie Travancore immer wieder Spenden gegeben; Spenden, die die Travancore offensichtlich nicht für ihren eigenen Lebensunterhalt benötigten und einfach in den Keller legten. Als erste Ambitionen der Regierung des armen Bundesstaates Kerala bekannt wurden, sich den Schatz einzuverleiben, drohten Hindu-Organisationen mit einem Massenselbstmord. Der Tempel ist zu Ehren des Vishnu geweiht, also ein offizielles Hindu-Heiligtum.

Mit dem Bundesstaat Kerala, den Hindus und der Familie Travancore existieren also parallel gleich drei Gemeinschaften, die aus unterschiedlichsten Gründen keinen Verwertungsanspruch auf diesen größten je gefundenen Einzelschatz der Erde erheben. Es ist nicht einfach, diesen kollektiven Verzicht aus dem hinduistischen Glauben mit seiner Verherrlichung des Jenseits zu erklären. Die überreichten Spendengüter stellten zu allen Zeiten einen überlebenswichtigen Wert dar, von dem man Jahrzehnte hätte leben können. Die Gemeinschaft hätte die Werte als riesige Pensions- und Sozialkasse betrachten können. Im Hinduismus sind das Leben an der nackten Existenzgrenze und das Gelübde der völligen Armut ein hoher Wert – aber nur, wenn die Armut aus religiösen Gründen gewählt wird, also die Nichtigkeit des Diesseits aufzeigt. Dieser Wert passt aber überhaupt nicht zu den Gold- und Diamantspenden und deren Anhäufung. Offensichtlich fand ein symbolischer Tausch statt: Wohlhabende Bauern und Kaufleute schämten sich dafür, dem Diesseits zu sehr verhaftet zu sein und nicht in Armut zu leben. Wenn sie ihre Güter an der Tempelpforte abgaben, fühlten sie sich erleichtert: Sie hatten ein Stück Diesseits abgelegt und waren nun dem Jenseits in seinen karmatischen Perspektiven näher. Damit verbunden könnte die Hoffnung auf eine günstigere Form der Wiedergeburt gewesen sein, etwa in Gestalt einer bekanntermaßen heiligen Kuh, eines stolzen Tigers oder eines Respekt gebietenden Elefanten. Je größer dann die Spende ausfiel, desto stärker wurde auch die Karmaperspektive verbessert. War der Tempel von Thiruvananthapuram also eine Sparkasse für karmatische Verzinsung im Jenseits? Dann wäre der Reichtum nicht deshalb geopfert worden, weil man ihn als für die Gemeinschaft streitstiftendes Unglück ansah, sondern als Tausch für einen guten Platz im Jenseits. Damit reihte sich Thiruvananthapuram in die Kette der Pyramiden und Tempel der Menschheitsgeschichte ein, die die Himmelfahrt der kaufkräftigen Toten in der First oder zumindest Business Class sichern sollte.

Auch die Geschichte unserer Dome, Kirchen und Kapellen ist eine Geschichte des geopferten Reichtums. Wohlhabende Bürger und Bauern errichteten die teuren und meist überdimensionierten Bauwerke, die oft von berühmten Architekten gebaut, von großen Künstlern dekoriert wurden, in bester Innenstadtlage – allein zum Ruhme Gottes und der Kirche. Zum Dank bekamen sie ihren eigenen Platz in der ersten Reihe mit Option auf einen mindestens ebenso guten Platz im Jenseits.

Allerdings funktioniert diese Erklärung für die gemeinschaftliche Opferung von Reichtum dann nicht mehr, wenn in einer Gemeinschaft das Jenseits kein Ort kollektiver Sehnsucht mehr ist, sondern ein naturwissenschaftlich widerlegter Irrglaube. Wir können davon ausgehen, dass nur noch in sehr wenigen staatlichen

Gemeinschaften die Idee des Jenseits nach dem Tode eine tragende Rolle in der Verwaltung von Gemeinschaftsgütern spielt. Religion gilt vor allem in westlichen Ländern seit Langem als Privatsache. Allenfalls die Kirchensteuer und der – inzwischen freiwillige – Religionsunterricht erinnern daran, dass auch in unserer Kultur das Jenseits eine höhere Rolle spielte. Man möchte vermuten, dass Gemeinschaften nach der Abschaffung des Jenseits auch nicht mehr ihren Reichtum opfern, sondern diesen entweder in praktizierender Korruption an Privatleute weiterreichen oder aber halbwegs gerecht umverteilen. Das Erste nennt man auch Kapitalismus, das Zweite Sozialismus.

Tatsächlich ist das Jenseits als Opfergrund nur von anderen Orten und Werten ersetzt worden. Jahrzehntelang galt es für eine Gemeinschaft als erstrebenswert, zum Mond zu fliegen oder zumindest ein unbemanntes Raumschiff dorthin zu senden. Die Kosten der Weltraumfahrt dürften die Höhe des indischen Tempelschatzes um ein Vielfaches überschreiten. Was die Weltraumfahrt mit der Idee des Jenseits teilt, ist, dass ihr Nutzen immer nur als zukünftige Verheißung erschien. Sie hatte und hat keinen praktischen Nutzen im Diesseits. Und die Billionen Dollar, die in der Weltraumfahrt verschwendet wurden, liegen nicht in Form von Geld und Diamanten im Keller, sondern stehen als Staatsschulden in den Büchern von Banken und Pensionsfonds.

Man muss aber nicht derart offensichtliche und überdimensionierte Formen des kollektiven Wahns bemühen, um auch in unserem Alltag Beispiele für die Opferung des Reichtums von Gemeinschaften zu finden. So werden in Deutschland zum Beispiel ICE-Strecken für vier Milliarden Euro errichtet, um eine Zeitersparnis von acht Minuten auf dem Weg zwischen zwei Städten zu erzielen. Wenn unvorstellbare zehn Millionen Fahrgäste diesen Zeitvorteil nützten, also nicht bei einer anderen Station den ICE verlassen würden, hätte die Gemeinschaft in etwa 30 Jahren jede einzelne Fahrt mit 400 Euro subventioniert. Da zudem das ganze Projekt auch noch kreditfinanziert ist, liegen die Gesamtkosten bei 800 Euro je Einzelfahrt – und das für eine Strecke, die ohne Bahncard gerade einmal 100 Euro kostet. Für das gleiche Geld könnten die Passagiere in der Business Class oder gleich mit dem Taxi die gleiche Strecke absolvieren.

Darf man dies als Beispiel dafür nennen, wie Gemeinschaften ihren erreichten Reichtum opfern? Die Gründe für das Opfer ändern sich im Verlauf der Geschichte. Aus dem Jenseits wurde das Weltall, nach dem Ende der Raumfahrt opfert man nun für die Zeitersparnis. Das heute fast vergessene Überschallflugzeug Concorde konnte mit maximal 128 Passagieren in zweieinhalb Stunden von Paris nach New York fliegen. Das französische Volk hat dieser Spaß zwischen 1968 und 2003 etwa 20 Milliarden Euro gekostet, eine Milliarde für jede der 20 gebauten Maschinen.

Die Concorde ist also in jeder Hinsicht durchaus mit dem indischen Schatztempel oder dem Spaceshuttle, mit dem ICE oder mit dem Eurotunnel vergleichbar.

In Europa hat das heute praktizierte Opfer von Reichtümern einen nüchternen Namen: Infrastruktur. Regierungen schreiben der Infrastruktur, also gigantischen Autobahndreiecken und ICE-Trassen, Kongresszentren, Gründerzentren, Universitätskliniken, Stadien und U-Bahnen eine magische Funktion zu: Angeblich soll sie Menschen dazu bewegen, eine steuergenerierende Wirtschaftstätigkeit auszuüben. Sie ist also eine spirituelle Inspirations- und Motivationsquelle. Wie die Kaaba in Mekka, so glauben die Infrakonstrukteure, ziehe die Infrastruktur Scharen von Gläubigen an, die dann die Kassen des Tempels füllen, womit wiederum die Infrastrukturkosten wieder eingespielt werden. Was aber, wenn die Pilgerscharen ausbleiben? Dies kann man zum Beispiel auf der A 38 zwischen Halle und Leipzig-Südost beobachten. Dort nämlich fährt man in der Regel mutterseelenalleine auf einer gigantischen, perfekt ausgebauten Rennstrecke, die von Abfahrten und Biotopen, von Gewerbegebieten und einem meist leer stehenden Vergnügungspark namens »Belantis« gesäumt wird. Wenn man dann weiß, dass diese Fahrt mit 100 Euro subventioniert wird, überfällt einen eine Ehrfurcht: Gerne nimmt man bei Tempo 230 das Kollektivopfer der Sachsen an. Schließlich ist man ja nun acht Minuten eher in Leipzig. Dort buddelt die Stadt an einer U-Bahnlinie. Zwar wurde gerade die gesamte, übrigens gut funktionierende und pünktlich verkehrende Straßenbahn modernisiert, mit der man bequem alle Orte Leipzigs erreichen kann, aber die City-Linie soll nun etwa zwei Kilometer unterirdisch verbinden. Kosten: irgendwo zwischen 500 Millionen und einer Milliarde Euro. Allein der Gang in die U-Bahn und das Warten auf sie wird länger dauern, als den Weg zu Fuß, per Rad oder per Tram zurückzulegen. Sie wird zwar kaum genutzt werden, aber ihren Sinn für die Gemeinschaft erfüllt sie auch ohne Nutzung: Leipzig kann dann vermelden, eine Untergrundbahn zu besitzen. Um dieses Opfer angemessen zu würdigen, sollte man dann auch ein bisschen Zeit opfern. Wie wäre es mit acht Minuten?

Wie ein Land durch teuren Wein reich wurde – das Erfolgsrezept der Slowenen

Haben Sie schon einmal in einem slowenischen Restaurant Wein bestellt? Auf der Karte werden Sie keinen Wein aus Italien, Österreich, Spanien oder gar Kroatien finden. Der Grund dafür ist für Außenstehende sehr erstaunlich: Ausländische Weine sind Slowenen zu *billig*. Während in Deutschland selbst Weinkenner einen großen Ehrgeiz darin entfalten, guten Wein möglichst günstig einzukaufen, während in den Supermärkten Rabattschlachten zwischen badischem, südafrikanischem und italienischem Wein zu 1,99 Euro die Flasche geschlagen werden, ist Wein in Slowenien ein hochpreisiges Edelgut. Dazu muss man wissen, dass im ehemaligen Jugoslawien Wein nur von staatlichen Winzergenossenschaften produziert wurde. Er war billig und hatte eine erbärmliche Qualität. Als Slowenien ohne Kampf gegen die Zentralregierung Jugoslawiens unabhängig wurde, eröffnete in Ljubljana in der Nähe des Parlaments an am Mestni trg 1 eine Weinbar namens Movia. Betrieben wurde sie vom Winzersohn Ales Kristancic aus Dobrovo an der italienischen Grenze nahe bei Triest. Dort liegt die an die Toskana erinnernde Goriška Brda, eine hügelige Weinlandschaft mit romantischen Dörfern. Die Familie Kristancic gehörte zu den ersten Familien, die nach dem Ende des jugoslawischen Weinsozialismus als Einzelwinzer Wein anbauten. Die bisher nur mündlich überlieferte Legende sagt, viele Parlamentarier hätten in der Movia-Bar den Schlüssel für den wirtschaftlichen Aufschwung Sloweniens gefunden, das heute von allen neuen EU-Ländern wirtschaftlich am besten dasteht. Noch 2010 beschwerten sich amerikanische Touristen in einem Internetportal darüber, dass ein kleines Glas Wein dort 5,50 Euro kostet. So aber war es von Anfang an. Die Preispolitik der Vinoteka Movia bestand vom ersten Moment darin, den neuen, eigenen Wein sehr teuer anzubieten. Entweder, so die Überlegung, bauen wir eine erfolgreiche eigene Wirtschaft im Kapitalismus auf, schaffen also gemeinsam Werte, oder aber wir konkurrieren in Supermarktketten um die Produktion der billigsten EU-Weine. Dann kaufen die Slowenen badischen oder italienischen Wein. Warum soll der Wert, auf den sich die Gemeinschaft einigt, nicht sehr hoch sein? Dieses Prinzip haben die Slowenen vom Wein, Käse und Schinken auf viele Bereiche des Lebens, etwa auch auf das Bauen und das Handwerk übertragen. Wer nur die Preise betrachtet, wird sagen: Slowenien ist teuer. Aber teure Preise können in einem Land, das nicht unbedingt zu den touristischen Topzielen zählt, nur dann dauerhaft gehalten werden, wenn die eigene Bevölkerung sie auch bezahlt. In dem pittoresken Wehrdorf Smartno haben Winzerkinder aus einem alten Haus eine elegante Weinpension mit drei Gästezimmern gemacht. Jedes Zimmer kostet 80 Euro pro Nacht. Ich beobachtete, wie zwei slowenische Rucksacktouristinnen ein Zimmer buchten. An der Strandpromenade von Piran bestellen slowenische Familien im Restaurant Pawel I mal eben zwei Flaschen Movia zu je 50 Euro. Ales Kristancic lässt seine Weine in großen Lehmkellern fünf Jahre in Limousineichenfässern reifen, die er selbst in Frankreich anfertigen lässt und danach zur Zweitnutzung weiterverkauft. Wenn er mit seinem S-Klasse-Mercedes nach Ljubljana brettert, dann freut man sich, dass in den neuen EU-Ländern auch mit derart sauberen und sinnvollen Geschäften verdient werden kann. Slowenien ist voll von stolzen Mittelständlern, die zu hohen Preisen verkaufen, aber auch das ganze Geld wieder für Handwerker und Techniker ausgeben.

Wein, slowenischer Wein, ist in Slowenien kein Getränk, Nahrungs- oder Genussmittel. Wein ist ein Symbol für die eigene Identität nach dem Ende Jugoslawiens. Die EU ist über die slowenische Weinproduktion sehr verärgert, denn es ist offiziell verboten, neue Weinberge anzulegen, damit die EU-geförderten Weinüberschüsse in Spanien, Portugal, Italien und Frankreich nicht noch schwerer absetzbar sind. Allerdings ändert der Ärger der EU nichts daran, dass slowenischer Wein ohnehin fast nie in die EU gelangt. Selbst den teuersten Edelweinhandlungen in Hamburg, München, Salzburg und Wien sind slowenische Weine zu teuer im Einkauf. Es ist mit ihnen kein Profit mehr zu erzielen. Supermarkteinkäufer wissen häufig nicht einmal, dass es slowenischen Wein gibt.

Die neuen Privatwinzer in der Brda haben im Keller des Schlosses von Dobrovo eine elegante Weinhandlung mit Bistro eröffnet. Geleitet wird sie von einem Weinjournalisten. Seine Frau bietet Köstlichkeiten wie Frischkäse mit Feigen an. Dort geben sich Gourmets aus Österreich und Italien die Hand. Anschließend biegen sich die Kofferräume unter Weinkisten aus Holz, in denen die köstlichen Weine auf die Eichentische toskanischer und steirischer Landhausbesitzer gelangen. Inzwischen gibt es Hunderte slowenische Qualitätswinzer, von denen kaum einer seine Weine unter zehn Euro die Flasche verkauft.

Während den EU-Beitrittsländern noch immer gepredigt wird, ihre Produkte müssen »konkurrenzfähig« werden, also als Billigware in deutschen Supermärkten landen, haben die Slowenen sich dafür entschieden, Werte statt Konkurrenz aufzubauen. Zum Leidwesen der großen Supermarktketten kaufen viele Slowenen ihre Produkte bei heimischen Landwirten und beauftragen lieber Handwerker, als alles in Eigenarbeit mit Baumarktramsch zu machen. Da aber viele Investitionen auf Pump erfolgten, könnte sich künftig die Finanzmarktkrise auch als Kreditkrise für slowenische Winzer erweisen.

Immerhin ist ihnen etwas gelungen, was den Balten, Rumänen und Bulgaren weitgehend abgeht: Sie haben ihre Identität als EU-Mitglied nicht über die Anpassung an vermeintliche EU-Anforderungen, sondern über die Entwicklung ihrer Eigenart erreicht. Die Schweiz hat mit dem Prinzip, die eigene Wertigkeit durch hohe Preise zu unterstreichen und zu erhalten, schon jahrzehntelang Erfolg. Obwohl es regelmäßig Proteste gegen die nach Ansicht vieler Schweizer zu hohen Lebensmittel- und Dienstleistungspreise gibt, kommt niemand mit Dumpingangeboten auf den Markt. Zu Recht fürchten die Anbieter dafür vom Schweizer Kunden abgestraft zu werden.

Die Lust an hoher Qualität und hohen Preisen nimmt in Slowenien zum Teil auch skurrile Formen an. So eröffnete im Bergdorf Kobarid mit knapp über 1.000 Einwohnern das Meeresfrüchterestaurant Kotlar. Das mehrfach preisgekrönte Restaurant liegt weit abseits von Autobahnen und mitten in einem Gebiet für Outdoor-Touristen. Doch auch die slowenischen Angler, Rafter und Bergwanderer und deren Familien lassen es sich nicht nehmen, bei Spitzenweinen aus der Brda und dem Karst Hummer, Jakobsmuscheln, Seeteufel und Branzino zu sich zu nehmen. Obwohl derartige Restaurants selbst in Großstädten oft nur abends geöffnet haben, ist das Kotlar auch unter der Woche mittags geöffnet. Es sieht aus wie ein einfaches Dorfgasthaus.

Die Kroaten, die einen sehr erfolgreichen Bade- und Segeltourismus aufgebaut haben, sehen neidisch in das kleine Nachbarland: Während die Saison in Kroatien nur von Mai bis Oktober dauert, bevölkern die slowenischen Touristen dann im Winter ihre Bergdörfer und Skigebiete. Der kulinarische Wochenendausflug lockt längst auch die Triester, Wiener und Grazer zu allen Jahreszeiten über die Grenze.

Im slowenischen Kurstädtchen Portoroz, direkt mit Blick auf die gegenüberliegende kroatische Küste – um den Grenzverlauf wird seit Jahrzehnten derart erbittert gestritten, dass dadurch der EU-Beitritt Kroatiens gefährdet ist –, sieht man Bentleys und Aston Martins kreuzen. Reiche Bürger der östlichen Staaten wie Polen, Russen, Ungarn und Serben finden sich dort ein, um im stets ausgebuchten Kempinski Palace Hotel Portoroz eines der begehrten Zimmer für 500 Euro pro Nacht zu ergattern. Seit seiner Eröffnung konnte man dieses Hotel noch nie zum Schnäppchenpreis buchen. Kein Reiseveranstalter führt es in seinem Programm. Es ist wie der Wein von Movia: zu teuer, um massenweise verkauft zu werden. Im Kempinski kann man aber auch für 415 Euro je Flasche den wohl teuersten slowenischen Wein bestellen. Es ist der Santomas der Familie Glavina, die ihr 20 Hektar großes Weingut oberhalb von Koper in den Karstbergen betreibt. Vater Glavina hat das Weingut an seine Tochter Tamara übergeben, die in Ljubljana Önologie studierte. Die Glavinas erproben besondere önologische Verfahren wie die Beerengärung. Natürlich steht im Hof des festungsartigen Weingutes auch ein Aston Martin. Er gehört Ludvik Glavina, der seine Weine gerne den diplomatischen Vertretungen Sloweniens als würdige Visitenkarte zur Verfügung stellt. Inzwischen produzieren slowenische Unternehmer, die etwas auf sich halten, ihren eigenen Wein – oft nur ein paar Hundert Flaschen im Jahr.

Wenn die Familien Glavina und Kristancic ab und zu in europäischen Spitzenvinotheken ihre Weine bei einem Diner vorstellen, lassen sie die Weinhändler wie die Gäste meist ratlos zurück. Wer kein Slowene ist, kann nicht so leicht verstehen, dass die slowenischen Weine keine international marktfähigen Produkte darstellen, sondern Ausdruck der Unabhängigkeit, des Stolzes und der Würde des Zweimillionenvolkes zwischen Mittelmeer und Bergen sind. Unabhängigkeit, Stolz und Würde aber können nicht exportiert werden.

Und so müssen wir unsere Spargroschen umdrehen und uns auf den Weg nach Slowenien machen, wenn wir sehen möchten, wie eigener Wein eine verarmte, postsozialistische Gesellschaft in 20 Jahren zum gefragten Gourmet- und Lifestyleparadies machte. Nicht die kaufkräftigen fremden Besucher haben es dazu gemacht, sondern die Einheimischen, die teure eigene Produkte den billigen Importprodukten vorzogen. Erst als die Slowenen selbst von der Qualität und Berechtigung ihrer Preise überzeugt waren, verführten sie auch die Fremden dazu, mit ihnen diese Lust am Schönen und Wertvollen zu teilen.

Andere Gemeinschaften setzen noch immer darauf, Touristen und Käufer über Billigpreise anzulocken. So zerstören sie die Qualität der Angebote und Produkte – und damit auch ihre eigene Identität. Sie bleiben zurück als jederzeit austauschbare Produzenten von Massenware und – zum Beispiel die Bettenburgenbetreiber an der bulgarischen Schwarzmeerküste – als ungeliebte Erbringer einer Leistung, die niemandem wirklich Gewinn bringt.

Mit der abnehmenden Wertigkeit ihres Stolzes und ihrer Würde beraubt, werden viele Tourismusregionen in der Türkei, Kroatien, Griechenland, Spanien, Bulgarien, Tunesien und Ägypten zu Fremdkörpern im eigenen Land. Wie Fließbandarbeiter produzieren sie dort lieblose Buffets und wundern sich, wenn die Reiseveranstalter auf einmal Ortschaften komplett buchen. Dabei hätten die Menschen in diesen Ländern sicher auch wertige Produkte und Leistungen. Dafür aber müssten sie zunächst anfangen, ihre eigenen Produkte und Leistungen zu entwickeln und zu einem angemessenen Preis im eigenen Land abzusetzen.

Gemeinschaften, das zeigt die Entwicklung in Slowenien, können ganz bei sich selbst anfangen, wenn sie wirtschaftlich und sozial aufsteigen möchten. Dabei helfen ihnen keine EU-Vorgaben, im Gegenteil, die EU sieht ja neue Mitglieder in erster Linie als Absatzmärkte für die Überproduktion deutscher und französischer Monopolisten und der von ihnen vertriebenen Billigware aus China und den Philippinen an. Unter der von den Beitrittsländern geforderten »Rechtssicherheit« wird in der Regel nur das Recht verstanden, durch Einkaufszentren mit EU-Pächtern den heimischen Handel zu zerstören und heimische Lieferanten auszuschließen. Dem kleinen Slowenien ist es gelungen, noch immer eine eigene Telefongesellschaft, einen Energiekonzern und eine Bank an der Börse von Ljubljana zu halten. Die slowenische Telekom betreibt in dem kleinen Land 2,6 Millionen Festnetz- und Mobilanschlüsse und erzielt damit einen Umsatz von 840 Millionen Euro – und das, obwohl die EU Slowenien zwingt, den Telekommunikationsmarkt für Vodafone, T-Mobile und O_2 zu öffnen, in der Hoffnung, so den heimischen Markt unter Druck setzen zu können. Immerhin hat jeder Slowene mit seinen Telefongebühren mit rund 400 Euro jährlich zum Erhalt der eigenen Volkswirtschaft beigetragen.

Nur zu gerne würden Österreich und Italien Slowenien als Provinz bespielen. Ein Grund dafür, dass dies bis jetzt nicht gelungen ist, ist der eigene Wein. Er ist Italienern und Österreichern einfach zu teuer.

Wohngeld vom Vermieter – der Sozialismus der Reichen in der Schweiz

Viele Menschen haben von der Schweiz das Bild eines urkapitalistischen Paradieses für Steuersünder. In allen Statistiken über die Verteilung des Reichtums in der Welt liegt sie auf den ersten Plätzen der Ungleichheit. Sie beherbergt je Einwohner mehr Milliardäre als jedes andere Land der Welt. Ebenfalls weltbekannt ist, dass man in der Schweiz nur etwa 20 Prozent Steuern auf sein Einkommen bezahlt. Österreicher und Deutsche, die mit bis zu 45 Prozent dabei sind, blicken neidvoll über den Bodensee. Nicht wenige überqueren ihn noch immer einmal im Monat mit einem Betrag zwischen 5.000 und 10.000 Euro in bar – Schwarzgeld, das sie oft nicht nur dem Fiskus, sondern auch Geschäftspartnern, Kindern und der Exfrau vorenthalten möchten.

Wenn man die Rhetorik vieler Schweizer Lokalpolitiker hört, dann gehört die Warnung vor sozialistischen oder gar kommunistischen Umtrieben seit Jahrzehnten zum politischen Inventar der bürgerlichen Parteien. Dabei ist bereits das Prinzip der Eidgenossenschaft selbst das wohl sozialistischste Regierungs- und Politikmodell aller Staaten: In einer direkten Demokratie sind Volksabstimmungen erlaubt. Jeder Bürger darf kandidieren. Die meisten Kandidaten für politische Ämter stammen deshalb aus dem Volk, nicht aus Parteikadern. Im Bundesrat regieren die Parteien zusammen, nicht gegeneinander.

Anders als in Deutschland und Österreich gibt es in der Schweiz eine Vermögenssteuer. Aktiengesellschaften zahlen Steuern auf ihr eigenes Grundkapital. Wohlhabende Großverdiener müssen ohne Beitragsbemessungsgrenze in die gesetzliche Rentenversicherung AHV einzahlen – und erwerben damit nur einen Anspruch auf die Mindestrente, die zwischen 1.200 und 2.000 Schweizer Franken monatlich beträgt. Das heißt: Ein gut verdienender Vorstand mit einer Million Jahreseinkommen zahlt 95.000 Franken in die gesetzlichen Kassen. Kein Wunder, dass der Schweizer Staat, der im Jahre 2000 das Beamtentum abschaffte, nur Überschüsse erwirtschaftet. In Deutschland kann man auch ganz einfach ohne Steuern und Sozialabgaben leben, wenn man nämlich so reich ist, dass man keine Einkünfte benötigt. Bis heute haben deutsche Finanzpolitiker das nicht verstanden und konzentrieren alle Steuern auf Einkommen und Verbrauch. Die eidgenössischen Steuereintreiber sind da cleverer: Neben einer Vermögenssteuer muss der Reiche sogar das Wohnen in der eigenen Villa versteuern und darauf Sozialabgaben entrichten. Der Verkehrswert der Immobilie wird einfach geteilt und dann als fiktive Mieteinnahme berechnet. Größere Beschwerden gegen die hier geschilderten Sondersteuern für Reiche sind dagegen kaum bekannt. Das hat einen Grund, der auch den Titel dieses Abschnittes bildet: der Sozialismus der Reichen.

Er hat eine lange Tradition, die sogar vor die Reformation zurückreicht. Im Jahre 1260 war Basilea, das heutige Basel, bereits eine erfolgreiche Handelsstadt. Zu diesem Zeitpunkt übernahmen erstmals wohlhabende Stadtbürger die zuvor von den Klöstern betriebene Krankenversorgung in Eigenregie. Das Bürgerspital gibt es noch heute. Mit einem Jahresumsatz von rund 100 Millionen Franken beschäftigt es 1.400 Menschen. Der Schweizer Kaufmann Christoph Merian vermachte seiner Heimatstadt ein Milliardenvermögen, das heute in der Christoph Merian Stiftung vom Kanton verwaltet wird. Da es sich überwiegend um Immobilien handelt, gehört ein Teil der Wohn- und Geschäftsimmobilien Basels damit der Allgemeinheit. Aus dem Park der Privatvilla von Merian wurde ein öffentlicher Garten. Die Merian Stiftung verfügt über 1.500 Wohnimmobilien und für Schweizer Verhältnisse nahezu unvorstellbare 900 Hektar Land.

Wer als Tourist nur die Altstadt Basels kennt, sollte an einem Wochentag einmal den großen, neu angelegten Park »Grün 80« besuchen. Dort sind die Basler unter sich. Großmütter schieben Kinderwagen. Erwachsene genießen die in der Schweiz übliche 70- oder 80-Prozent-Teilzeitarbeit. Der Park erinnert in seiner Anlage sehr an Parks in der DDR. Das Restaurant Seegarten gehört natürlich der Migros-Genossenschaft, einer Art sozialistischer Kooperative, die zusammen mit ihrer Schwester Coop fast den gesamten Einzelhandel und die Großgastronomie der Schweiz betreibt. Kündigungen, Streiks, Dumpinglöhne sind dort ein Fremdwort. In der Industriestadt Basel gehören auch heute ein Großteil der Wohnungen staatlichen und halbstaatlichen Wohnbaugenossenschaften und Stiftungen. Die Zünfte haben meist historische Häuser in bester Altstadtlage, die sie aber nicht zu Marktpreisen verkaufen oder vermieten. Viele kleine, alteingesessene Geschäfte, Galerien und Boutiquen können an einer der teuersten Ecken der Welt bleiben. Einmal jährlich machen die Zünfte ihre »Vergaben«, das heißt sie stellen einen Betrag zwischen 50.000 und 100.000 Franken für soziale und kulturelle Projekte zur Verfügung. Das Handelsregister von Basel zählt in der 180.000-Einwohner-Stadt rund 1.000 Stiftungen. Viele sind sehr klein und vergeben »nur« 10.000 Franken im Jahr. Aber es gibt kaum einen wohlhabenden Menschen in Basel, der nicht entweder selbst eine Stiftung hat, oder aber als Stiftungsrat in einer Zunft oder Stiftung mit über die Vergabe der Mittel entscheidet. Weltberühmt ist auch die Fondation Beyeler mit ihren Sammlungen von Gemälden und Skulpturen der klassischen Moderne. Ist das nun alles nur historische Überlieferung, die gut gepflegt wird? Und wo ist nun der gelebte Sozialismus der Reichen?

Szenenwechsel: Der Spaziergang führt am frühen Abend durch schmale Altstadtgassen zum Jazzclub Bird's Eye am Kohlenberg 20. Er wurde 1994 gegründet, also zu einer Zeit, als fast alle Jazzclubs in anderen Städten bereits ihre Pforten geschlossen hatten. An der Theke bedient mich eine unscheinbare Dame mittleren Alters. Sie kellnert dort zweimal in der Woche.

Sie ist die Präsidentin des Vereines, der den Jazzclub betreibt. Zur Zeit beherbergt sie bei sich zu Hause einige brasilianische Musiker, die für einen Gig ins Bird's Eye aus Brasilien eingeflogen wurden. Das klingt nicht profitabel und muss es auch nicht sein. Beatrice Oeri, so heißt die Dame, ist ein passionierter Jazzfan und kann sich dieses Hobby leisten. Es gibt nämlich in Basel ein Unternehmen namens Roche, dessen Miteigentümerin sie ist. Die Roche Holding AG hat 2010 einen Jahresgewinn vor Steuern von 5,919 Milliarden

Schweizer Franken erzielt. Davon geht ein Viertel an den Kanton. Wer weiß, dass viele amerikanische Unternehmen überhaupt keine Steuern zahlen, da sie ihren Sitz im US-Steuerparadies Delaware haben (Höchststeuersatz dort: 180.000 Dollar pro Jahr) – unter ihnen Google Inc. –, der wird dem Unternehmen eine gewisse Sozialverpflichtung nicht absprechen können. Beatrice Oeri hat aus ihren Dividendeneinnahmen eine Stiftung namens Habitat gegründet. Diese kauft und renoviert Wohnimmobilien, um sie dann billig an Alternativprojekte zu verpachten. Ein Ertrag, gar eine Rendite, soll nicht erwirtschaftet werden.

Das Besondere: Die Stiftung bietet für die Mieter ein Mietzins-Subventionsmodell, eine Art Wohngeld. Wohngeld vom Vermieter? Das wäre in Deutschland oder Österreich undenkbar. Die sozialistischen Reichen der Schweiz, in der zudem auch ein Sozialhilfegesetz mit der vollständigen Übernahme der Mietkosten gilt, sehen darin keinen Widerspruch. »Die Stiftung setzt sich für eine lebensfreundliche und wohnliche Stadt ein« – mit diesem bescheidenen Credo greift die Stiftung Habitat in den Grundstücksmarkt ein. Inzwischen hat sie große Grundstücke erworben und zusammen mit einer zweiten Stiftung, der Stiftung Edith Mayron, und der Gemeinschaft der genossenschaftlichen Wohnbauunternehmen eine Bodeninitiative gegründet. Unter dem Motto *Boden behalten – Basel gestalten* hat die Initiative folgende Forderungen aufgestellt:

1. Landverkauf durch den Kanton nur noch bei gleichwertiger Kompensation.
2. Boden erwerben für gemeinnützigen, familien- und umweltfreundlichen Wohnungsbau …
3. … finanziert aus dem gut gefüllten Mehrwertabgabefonds des Kantons.
4. Abgabe von Land des Kantons nur noch im Baurecht, denn …
5. … Land im Baurecht macht das Wohnen darauf bezahlbar.
6. Tafelsilber des Kantons nicht verscherbeln – langfristige Erträge aus Baurechtszinsen für uns alle.

Da im dicht besiedelten Basel ohnehin nur wenige Immobilien und Grundstücke als Spekulationsobjekte auf den Markt kommen, könnte die Initiative das historische Ende der Spekulation mit Grundstücken, Wohn- und Geschäftshäusern im Ballungsraum Basel bedeuten.

Wenn die Vermieter selbst beginnen, Wohngeld zu bezahlen, dann wird das Wohnen ganz aus der angeblichen Selbstregulierung der Märkte herausgenommen. Während in Städten wie im rot-grün regierten München der Immobilienmarkt völlig privaten Interessen überlassen wird und Hunderttausende Bürger aus der Stadt gedrängt werden, weil nur noch Erben und Vermögende die Miet- und Kapitalkosten finanzieren können, strebt die jahrhundertealte Kaufmannsstadt Basel eine völlige Vergesellschaftung der Wohnimmobilien an.

Dass diese Initiative von den Reichen selbst ausgeht, lässt den Titel »Sozialismus der Reichen« keineswegs übertrieben erscheinen. Beatrice Oeri begnügt sich allerdings nicht mit Jazz und günstigem Wohnraum. Nachdem immer mehr Basler mit der politischen Linie der größten Zeitung der Stadt, der ehemals linksliberalen Basler Zeitung, unzufrieden waren, warb Oeri den stellvertretenden Chefredakteur der Basler ab. Unter dem Titel »TagesWoche« finanzierte sie mit bereits jetzt 25 angestellten Mitarbeitern ein Gegenmedium. Es hat seinen Sitz im legendären Unternehmen Mitte, einer ehemaligen Bank im Stadtzentrum von Basel. In Deutschland hat der Spiegel-Erbe Jakob Augstein mit der Wochenzeitung »Freitag« ein vergleichbares Projekt gestartet. Es ist aber zu erwarten, dass die TagesWoche in Basel derart große Marktanteile erobern wird, dass ein anzeigenfinanziertes Medium im Besitz von profitorientierten Privatverlegern kaum überleben kann.

Die sozialistischen Unternehmen in Basel, wie Migros, Coop, die Basler Kantonalbank, die Merian Stiftung, die Habitat-Stiftung, die Stiftung Edith Mayron, verdrängen die Wirtschaft aus Handel, Wohnen und Kommunikation an den Stadtrand.

Die staatlichen Großunternehmen Post, Bahn und Telekom lassen keine Konkurrenz aufkommen. In harmonischer Übereinstimmung zwischen Staat, Kantonen, Aktiengesellschaften und Privatstiftungen geht der Sozialismus in der Schweiz seinen Lauf.

Und anders als in der DDR halten ihn Ochs und Esel nicht auf.

It's up to you – warum die New Yorker so gut mit der Finanzkrise fertigwerden

Zu den vielen Rätseln der Weltfinanzkrise zählt es, dass ausgerechnet das Zentrum der internationalen Finanzwirtschaft, die Millionenmetropole New York, kaum unter der Krise gelitten hat. Bereits 2004, lange vor der Finanzkrise, lag der Durchschnittspreis für ein kleines Apartment im 1,6 Millionen Einwohner zählenden Bezirk Manhattan bei einer Million Dollar.

2008, kurz vor Ausbruch der Finanzkrise, lag der Durchschnittspreis bereits bei 1,7 Millionen Dollar und rutschte dann 2009 ab, um sich 2010 bei 1,43 Millionen zu stabilisieren.

Der monatliche Mietpreis für ein 1-Zimmer-Apartment betrug 2.500 Dollar, für zwei Zimmer 5.000 Dollar. Er ist gleich geblieben. Das bedeutet: Man muss Dollarmillionär oder Bezieher eines Einkommens von mindestens 5.000 Dollar netto im Monat sein, um überhaupt in Manhattan leben zu können. Wie aber ist das möglich? Angeblich gingen in der Finanzkrise Zehntausende hoch bezahlte Jobs an der Wallstreet verloren. Top-Werber und Medienleute saßen von heute auf morgen auf der Straße.

Im September 2011 betrug die Arbeitslosenrate in New York City 8,7 Prozent – etwas mehr als in Deutschland, aber die Folgen einer Weltfinanzkrise, deren Verursacher fast alle in NYC ihren Hauptsitz haben, stellt man sich doch etwas anders vor.

Was hat dieser überraschende Erfolg mit der Gemeinschaft von Big Apple zu tun? Neben Manhattan besteht New York noch aus anderen Millionenstädten, etwa Brooklyn und Queens. Nicht einmal die Hälfte der Bevölkerung New Yorks sind noch Weiße. Je ein Viertel sind Schwarze und Hispanics. Erstaunlicherweise setzt sich auch die Bevölkerung Manhattans nur zur Hälfte aus den alteingesessenen Nachfahren der deutschen, englischen, irischen, italienischen und französischen Einwanderer zusammen; 12,7 Prozent sind Schwarze, 24 Prozent Hispanics.

Die verschiedenen Einwanderergruppen haben eine jahrhundertelange Tradition in der gegenseitigen Hilfe bei der Wohnungs- und der Jobsuche, bei der Heiratsvermittlung und beim Schutz gegen Diebstahl und Betrug. Obwohl sie in einer Stadt leben, in der offiziell Englisch die Amtssprache ist, haben sie ihre Muttersprachen und die Slangs bewahrt. Man könnte sagen: Ähnlich wie Deutschland in 16 Bundesländern föderal organisiert ist, organisieren sich die New Yorker in etwa 80 Sprach- und Kulturgruppen, deren einziges Mitgliedermerkmal oft die Sprache ist.

Selbst kleinere Minderheiten wie Koreaner, Japaner, Chinesen, Malaien, Vietnamesen, Thailänder, Inder und Pakistanis unterhalten in New York ein großes Netzwerk nicht nur von Restaurants, sondern auch von Anwälten und Ärzten, Fabriken und Taxidiensten. Sie betreiben eigene Schulen, Kindergärten, Zeitungen und Radiosender. Sie haben Abgeordnete im Stadtparlament.

Wenn also jemand in New York in Gefahr steht, seinen Job oder gar seine Wohnung zu verlieren, dann setzt sich das Netzwerk des lokalen Sozialkapitals in Bewegung. In der ersten Stufe werden Vorgesetzte angesprochen, die der eigenen Ethnie angehören. Dann geht es zu den Hilfsorganisationen und Gewerkschaften, zu Banken und Pfandleihern und wenn schließlich alle Bemühungen erfolglos bleiben, jemanden in Lohn und Brot zu halten, bekommt er die Chance, mit einem ganz anderen Job beim Freund des Onkels neu anzufangen – in Brooklyn oder Queens. Wer aber in Brooklyn und Queens erfolgreich ist, nimmt den Platz des abgestürzten Gutverdieners in Manhattan ein. Viele New Yorker rotieren so bereits seit Generationen ständig zwischen diesen drei Stadtteilen, in denen sie mehrfach die Wohnung und die Arbeit wechseln. Es gibt keine ethnische Mehrheit von Alteingesessenen, nicht einmal Deutsche und Briten, die den Neuankömmlingen den Zutritt verwehren könnten. Der Auf- und der Abstieg erreichen alle Ethnien und Klassen. Dies verheißt die Aussicht des American Dream: »If you can make it there, you'll make it anywhere. It's up to you, New York, New York.« brachte es Frank Sinatra auf den Punkt.

Das Geheimnis der Multikulti-Metropole New York besteht darin, dass alle ihre Bewohner, inklusive des jüdischstämmigen Bürgermeisters Michael Bloomberg, selbst Minderheiten angehören. Dessen Mutter war einst aus Russland eingewandert.

Mir verriet einmal die Milliardärin Vera List, die Frau des Finanzmagnaten Albert List, die als Buchhändlertochter aus Riga in den 20er-Jahren nach New York kam, bei einem Tee in ihrem Penthouse in der Park Avenue ihr Erfolgsgeheimnis als Kunstsammlerin. »So, wie Sie hier sitzen«, begann sie – übrigens brühte sie den Tee selbst und beschäftigte keine Dienerin – »saßen auch Picasso, Dubuffet und Duchamps hier bei mir. Sie waren verzweifelt und hatten kein Geld.« »Und, was taten Sie?« »Ich kaufte ihnen ein Bild ab. Für 1.000 Dollar. Das war damals ein Vermögen.« Ich blickte auf die Bilder an den Wänden: Emigranten hatten sie von Armutsflüchtlingen erworben. Heute waren sie Millionen wert. Und auch für mich erfüllte sich der American Dream: Bei meiner Heimkehr nach Berlin fand ich im Briefkasten ein kleines, handbeschriebenes Kuvert mit amerikanischer Briefmarke. Darin befand sich nur ein Scheck über 35.000 Dollar, sonst nichts.

Auch wenn die Finanzkrise in New York noch mehr Jobs und Vermögen kosten wird, ist nicht anzunehmen, dass sich die vielen intakten Völkergemeinschaften in der niemals schlafenden Stadt davon deprimieren lassen. Sie werden sich auch dann gegenseitig aushelfen, wenn wie in der Zeit der Great Depression bereits eine Bockwurst oder ein Bier zum Wohlstandserlebnis werden. Die Stadt New York kann darauf bauen, dass die ethnischen Communities nicht alle, aber die meisten ihrer Probleme in Eigenregie lösen. Für den Rest ist die New York City Police zuständig, die jedoch seit Jahren durch zurückgehende Gewalt und Kriminalität immer seltener ausrücken muss.

Das friedliche und grüne Berlin hatte 2005 eine Arbeitslosenquote von 19 Prozent. Inzwischen ist sie auf 13,6 Prozent gesunken – aber auch das sind 50 Prozent mehr als in New York.

Könnte man also deshalb schlussfolgern, dass sich auch in Berlin die Quote senken würde, wenn dort Ethnien und andere Gemeinschaften einander helfen? Weit gefehlt. Unter den Berliner Türken waren 2011 sogar 42 Prozent der Erwerbsfähigen arbeitslos gemeldet. Die geringste Arbeitslosigkeit haben in Berlin – wie übrigens auch in New York – die Asiaten. Sie machen sich nämlich lieber selbstständig, als zu Dumpinglöhnen für andere zu schuften oder die Sozialkasse zu bemühen.

Was wäre die Schlussfolgerung aus solchen Beispielen? Zunächst muss festgehalten werden, dass nicht abstrakt Arbeitsplätze fehlen, die sozusagen als statistischer Faktor auf Besetzung warten, sondern dass Arbeitslosigkeit sehr viel mit Gemeinschaft und Sozialkapital zu tun hat. Sowohl die Einstellung wie die Entlassung eines Mitarbeiters sind Akte des Ausschlusses und des Einschlusses in die Gemeinschaft. Warum also nicht die Gemeinschaften fördern und entwickeln, statt Jobcenter und Entwickler von wenig nachhaltigen Teilzeit- und Zeitarbeitsplätzen? Dann würde jede Gemeinschaft selbst zum Jobcenter und könnte selbst darüber entscheiden, wer unter welchen Bedingungen Arbeit bekommt.

Die Jobcenter hätten sich dann nur noch um die Klienten zu kümmern, die keiner ethnischen, kulturellen oder religiösen Gemeinschaft angehören. Sie könnten dann mit einer Bürgerarbeit dazu beitragen, dass auch Jobcenter und ihre Mitarbeiter wieder zu Teilen der Gemeinschaft werden.

Eine gelungene Gemeinschaft braucht
keine Harmonie – die Norweger

Aus noch zu klärenden Gründen halten wir Harmonie für einen besonderen Erfolgsfaktor zum Gelingen von Familie, Gemeinschaft und Staat. Es gibt einige Rezepte zum Herstellen von Harmonie, die wir bereits als Kleinkinder lernen: Stelle Deine eigenen Interessen nicht in den Vordergrund, höre dem anderen zu, teile mit anderen, nimm stets Rücksicht auf andere, nimm an Gemeinschaftsaktivitäten teil. Sie kollidieren bereits im Kindergartenalter mit den entgegengesetzten Rezepten zur Selbstwerdung: Sei du selbst, mach das, was dir am besten liegt, sag, was du wirklich willst, versuche, in deinem Bereich der Beste zu sein, setz dir klare Erfolgsziele. Der Psychoanalytiker Paul Watzlawick hat solche widerstrebenden und paradoxen Anweisungen und Rezepte als *Nullsummenspiel* bezeichnet. Das heißt: Am Ende heben sich die widersprüchlichen Kommandos auf und man ist überhaupt nicht mehr handlungs- und entscheidungsfähig. Ungeachtet solcher tieferen Fragen der Kollision von Selbst und Gruppe hat die Harmonie weiter ein hohes Ansehen. Es gilt als großes Kompliment, wenn eine Familie, ein Team oder gar eine Stadt oder ein Staat als harmonisch charakterisiert werden.

Ein Land, dem man diesen Wert in hohem Maße zuerkennt, ist Norwegen. Zwar ist Norwegens bedeutendster Dichter Hendrik Ibsen durch kritische Stücke über die verlogene Kleinstadtgesellschaft Norwegens (z. B. »Der Volksfeind«) berühmt geworden, die er als Emigrant in Deutschland verfasste. Zwar ist Norwegens berühmtester Beitrag zur Weltkunst ein grässliches Gemälde von Edvard Munch mit dem furchtbaren Titel »Der Schrei«. Zwar haben norwegische Fischereifunktionäre Jahrzehnte für die Beibehaltung des Walfangs gegen jede ökologische Einsicht gekämpft. Zwar hat gerade ein Norweger das größte Massaker der europäischen Geschichte ausgeführt, das je ein Einzelmensch vollbrachte. Aber nur wenige Menschen werden widersprechen, wenn die norwegische Gesellschaft als *harmonisch*, der Umgang der Norweger mit sich selbst und Fremden als *menschlich* und das Leben im Fjordland als *gemütlich* bezeichnet werden. Diese Prädikate werden auch Dänen und Schweden zugeschrieben, wenn auch nicht in diesem Ausmaß.

Völkerkundler könnten sagen: Wir projizieren auf die Norweger Werte, die wir glauben, auch besessen, aber verloren zu haben. Norwegen ist sozusagen eine Rückkehr in die heile Welt der Kindheit. Oder in den Zustand der Gesellschaft vor ihrer »Verderbnis«. Der deutsche Skandinavienreisende kehrt seit Jahrzehnten mit der Kunde von Menschlichkeit und Liberalität zurück, die er angeblich in Deutschland vermisse. Skandinavischer Lebensstil ist in Deutschland und auch Holland zum Synonym für eine zeitgemäße, bürgerliche Harmonie geworden.

Weitere Erklärungen zum Harmonisch-Sein der Norweger bestehen darin, die geringe Bewohnerzahl und damit Überschaubarkeit der Verhältnisse als Quelle von Harmonie und Menschlichkeit auszumachen. Allerdings sind auch Afghanistan, der Sudan und Tschetschenien dünn besiedelt, ohne dass deshalb dort ein erwähnenswertes Übermaß an Harmonie und Menschlichkeit festgestellt würde.

Blicken wir ein wenig in die Geschichte. Die Norweger befreiten sich einst von der dänischen Herrschaft. Dänemark war sozusagen das Portugal Skandinaviens und versucht noch heute, die grönländischen Naturschätze zu vereinnahmen. Nach dem Ende der dänischen Herrschaft wählten die Norweger ihr eigenes Parlament, den Korting. Mit der kurzen Unterbrechung der deutschen Besatzung 1940 bis 1945 – in der übrigens der Korting nicht aufgelöst wurde, sondern zu einem erheblichen Teil mit den Nazis kollaborierte – praktizieren die Norweger nun seit über 200 Jahren Demokratie.

Diese dürfen wir uns keineswegs harmonisch vorstellen. In den Monaten vor dem Anschlag von Anders Breivik machte eine ausländerfeindliche Oppositionspartei von sich reden, die eine Überfremdung und sogar Islamisierung Norwegens befürchtete.

Die Kritik an der inzwischen nicht mehr amtierenden linkssozialistischen Finanzministerin, die radikal für hohe Steuern und Verstaatlichung von Industrie und Banken eintrat, hatte oft deftige Formen. Liest man die Leserkommentare der führenden norwegischen Tageszeitung Aftenposten, stößt man auf drastische, radikale und auch verletzende Kritik an Norwegens NATO-Mitgliedschaft und Mitwirkung bei der Ausbeutung der Dritten Welt. Die Norweger, die ihre Meinung öffentlich artikulieren, tun dies oft in einer für deutsche Verhältnisse ungewohnten Direktheit und Radikalität. Sie wissen, dass sie in der Tradition der freien Bauern und Fischer als freie Bürger die Besitzer und Regierenden ihres Staates sind, nicht nur Wähler und Konsumenten. Die norwegische Öffentlichkeit ist sozusagen ein ständig tagendes Parlament, in dem täglich diskutiert und abgestimmt wird.

Anders Breivik hat versucht, unter Pseudonym an diesen oft intellektuell anspruchsvollen Debatten teilzunehmen, ohne dort wirklich auf Resonanz zu stoßen. Breivik hat sich auch nicht in den oppositionellen Gruppen wiedererkannt und ist deshalb Einzelgänger geblieben. Die Vorstellung allerdings, dass ein Einzelner durchaus Einfluss auf den ganzen Staat haben kann, hat in Norwegen eine lange Tradition. Damit dies möglich ist, der Einzelne also tatsächlich das komplexe Gemeinwesen maßgeblich beeinflussen kann, muss er eigene Ansichten haben, die sich vom Allgemeinwissen der Mehrheit unterscheiden. In Ibsens Drama »Der Volksfeind« ist es der Arzt, der weiß, dass das Schwimmbad wegen gefährlicher Keime geschlossen werden muss. Der Polarforscher Fridtjof Nansen, der 1922 den Friedensnobelpreis erhielt, erkannte inmitten von dumpfer Nationalstaaterei, dass ein Völkerbund dazu beitragen könne, Kriege und Eroberungen zu verhindern. Breivik glaubte ganz im Sinne von Thilo Sarrazin (»Deutschland schafft sich ab«), dass sein Volk wirklich in seiner Existenz bedroht sei. Der hohe Wert, den die einzelne Meinung in Norwegen genießt – und damit auch die abweichende Meinung –, führt dazu, dass Norweger zu allem eine Meinung haben. So wird zum Beispiel in Norwegen viel mehr über den Nahostkonflikt diskutiert, obwohl Norwegen dazu historisch in keinerlei Beziehung steht. Kein Staat der Erde gibt prozentual mehr Geld für Entwicklungshilfe aus als Norwegen. Und kein Staat nimmt gemessen an seiner Bevölkerungszahl mehr Flüchtlinge auf. Wo immer in der Welt Ungerechtigkeit offenbar wird – schnell meldet sich die norwegische Regierung zum Leidwesen von Israel, den USA, Russland und China zu Wort.

Norwegen versteht sich als eine Art institutionalisiertes Weltgewissen und da Norwegen auch einer der reichsten Staaten der Erde ist, leistet es sich eine große Informations- und Meinungsindustrie. Man muss sich als Norweger schon sehr zurückhalten, um nicht einmal in einer Zeitung mit einem eigenen Satz zu Worte zu kommen.

Aber sind die Norweger harmonischer? Norwegische Männer wie Frauen sind in erster Linie häufig auffallend und ausgesprochene Einzelgänger und Individualisten. Sie lassen sich ungern auf Gemeinschaftspositionen oder einen Common Sense festlegen. Ihr Staat ist derart streng und effektiv organisiert, dass die Bürger wenige Dinge in Eigenregie organisieren müssen. Wenn Missstände entdeckt werden, behebt sie die Verwaltung durch die Schaffung neuer Einheiten und Etats. Die sprudelnden Steuereinnahmen und Gewinne aus der staatlichen Öl- und Energiewirtschaft lassen die Frage nach dem Abbau staatlicher Leistungen gar nicht erst aufkommen.

In Norwegen funktioniert vieles, fast alles geräusch- und reibungslos. Eisenbahnen und Fähren fahren pünktlich und fallen nur selten wegen Defekten aus. Die Straßen werden geräumt. In der Natur liegt kein Müll. Asylbewerber leben in schmucken Siedlungen, nicht in Lagern. Die Menschen blicken einem offen ins Gesicht und nicken einen Gruß. Dienstleistungen werden nicht hektisch, sondern geruhsam erbracht. Man hat das Gefühl, dass die Menschen viel Zeit haben. Diese Erfahrung des In-sich-selbst-Ruhens wird dann von uns als Harmonie interpretiert. Die Norweger selbst sehen sich keineswegs als Menschen, die sich ständig um des lieben Friedens willen unterordnen, sondern eher als kämpferische Zivilbürger. Das Attentat von Anders Breivik hat die Norweger in einer ganz besonderen Form herausgefordert, denn gerade Breivik, der ja auch verlangte, vor Gericht Erklärungen verlesen zu dürfen, berief sich rechtlich und politisch auf das Widerstandsrecht des Einzelnen – und damit auf einen der norwegischen Grundwerte. Dass er im Namen dieser Werte einen Anschlag auf das Regierungsviertel verübte und 69 Jungsozialisten erschoss, mag die intellektuelle Herausforderung verdeutlichen: Nicht ein böser Fremder, vor dem auch in Norwegen xenophobe Kreise nicht aufhören zu warnen, sondern ein selbst ernannter Kämpfer für die norwegische Freiheit von Fremdherrschaft hat das schlimmste Ereignis in der norwegischen Geschichte seit der Besatzung durch Deutschland zu verantworten.

Umso verblüffender die Reaktion: Anstatt die Schuld bei fehlender Überwachung von potenziellen Attentätern oder bei fremdenfeindlichen Kreisen zu suchen, entschieden sich die Norweger dafür, zu trauern statt zu diskutieren.

Zu dem Zeitpunkt, als der norwegische Ministerpräsident Stoltenberg stockend seine Trauerrede vortrug, zeigte sich in Norwegen das Moment einer nie gekannten Harmonie. Aller Streit um die rechte Politik und die richtige Meinung war auf einmal vergessen. Zum ersten Mal empfanden sich die sonst so individualistischen Norweger als Teil eines Kollektivs. Dieses bestand nur aus Schmerz und Trauer. Die Harmonie lag nicht in einem gemeinsamen Bekenntnis, sondern im Schweigen.

Eine gelungene Gemeinschaft braucht weder in sich harmonische und ausgeglichene Menschen noch benötigt sie Rituale zur Beschwörung, Erhaltung und Wiederherstellung von Harmonie. In den Vereinigten Staaten, in denen Vertrauen und sozialer Zusammenhalt als Privatsache gelten, handelt fast jede politische Rede nur von der Harmonie, Gemeinsamkeit und Zusammenhalt im Land der unbegrenzten Möglichkeiten. Beschwört wird das, was am meisten fehlt.

Vergleicht man die Reaktionen der Amerikaner auf »9/11« mit denen der Norweger auf das Attentat von Oslo, dann wird deutlich, warum die norwegische Gemeinschaft so erfolgreich und die amerikanische vergleichsweise erfolglos ist: Statt zu trauern, riefen die Amerikaner zu Rache und Krieg auf. In der Folge verschwendeten sie mehrere Billionen Dollar für Kriege, die sie als Staatsschulden aufnehmen mussten. Sie ruinieren sich mit der Beschwörung einer Gemeinschaft, die auf Rache und Feindbildern beruht, nicht auf Menschlichkeit und Fairness. Und so kommt es zu einem sicher unerwünschten, aber leider feststellbaren Effekt: Während die individualistische Gesellschaft Norwegens durch die gelassene und ruhige Reaktion auf das Attentat von Oslo gestärkt wurde, hat sich die amerikanische Gesellschaft in den Ritualen rund um »9/11« als angeblich ständig von äußeren Feinden bedrohte nur geschwächt.

Wenn man glaubt, durch Gemeinschaftsrituale eine gestörte und misslungene Gemeinschaft herstellen oder stärken zu können, muss man zugleich darauf bauen, dass die Mitglieder der Gemeinschaft derart wenig eigene Urteilskraft haben, dass sie durch einfachste Propaganda zur Unterstützung eines absurden War on Terror gebracht werden können. Die unmündigen Mitläufer der Gemeinschaft werden aber dann zum Nachteil, wenn die Gemeinschaft nicht mehr in der Lage ist, ihre symbolischen Gemeinschaftsaktionen wie Krieg oder Weltraumfahrt zu finanzieren. Da sie ja nur den Aufrufen ihrer Politiker folgen, können sie nicht aktiv an der Verhinderung des Bankrotts mitwirken. Sie fallen als aktive Bürger aus.

Wie die Deutschen einmal durch Solidarität schuldenfrei wurden

Der legendäre Berliner Galerist Rudolf Springer wurde 100 Jahre alt. Er erzählte mir einmal eine Geschichte aus der Zeit der deutschen Währungsreform 1948. Jeder Deutsche erhielt damals den Betrag von 40 Mark. Springer aber war völlig mittellos und wollte 1948 seine Galerie eröffnen. Seine 40 Mark reichten dazu nicht. Er traf den Berliner Philosophen Wilhelm Weischedel (»Die philosophische Hintertreppe«), der gerade von der französischen Résistance nach Berlin zurückgekehrt war und den die Idee so begeisterte, dass er Springer seine 40 Mark gab.

Diese Geschichte sagt etwas über die Hilfsbereitschaft und das Vertrauen, die damals in Deutschland weitverbreitet, vielleicht sogar vorherrschend waren. Würden sie so groß sein, dass Deutschland seine hoffnungslose Verschuldung überwinden könnte?

Als Deutschland 1948 unter der Besatzung der Siegermächte neu als föderale Bundesrepublik gegründet wurde, war es selbst für heutige Verhältnisse hoffnungslos überschuldet. Im Jahre 1952 bestanden Forderungen in Höhe von insgesamt 29,7 Milliarden neuen D-Mark an die junge Demokratie. In der Währungsreform hatte jeder Deutsche 40 Mark bekommen. Die hätten gerade gereicht, um ein Zehntel der Summe zu tilgen. Anders gesagt: Jeder Deutsche hatte neben seinen 40 Mark Startguthaben 500 Mark Schulden.

Verglichen mit dem heutigen Griechenland, war Deutschland 1948 in einer weitaus schlimmeren Lage. 15 Millionen Flüchtlinge mussten in Notunterkünften, Speichern und Scheunen überwintern. Die Industrie war weitgehend zerstört. Die Aufarbeitung des Nationalsozialismus und des Zweiten Weltkrieges mit 80 Millionen Toten weltweit drohte in Deutschland zu einem andauernden Moment der innenpolitischen Auseinandersetzung zu werden – keine gute Aussicht für einen gemeinsamen Neuanfang. Zusätzlich trennte noch der Kalte Krieg das Land in zwei Hälften, die erst 42 Jahre später wieder zusammenfinden konnten. Die Führungsschicht in Wirtschaft, Wissenschaft und Politik war durch ihre Kollaboration mit dem Naziregime diskreditiert.

Da tat die deutsche Regierung etwas bis heute Unerhörtes: Sie verabschiedete ein rückwirkend geltendes Lastenausgleichsgesetz, nach dem 30 Jahre lang insgesamt 50 Prozent des Vermögens als Sonderabgabe abgeführt werden mussten. Es handelte sich überwiegend um das Grundvermögen Westdeutscher, das wiederum als Ausgleichszahlung an die Flüchtlinge aus den verlorenen Ostgebieten ging.

Dieser Umverteilungsakt aber tilgte noch nicht eine Mark. Erst, als 1953 auf der Londoner Schuldenkonferenz 70 Länder über die deutschen Staatsschulden verhandelten, sollte die in Deutschland hart umkämpfte Solidaritätsabgabe des Lastenausgleichs auf einmal einen ungeheuren Wert bekommen: Die deutsche Delegation unter dem Bankier Hermann Josef Abs brachte den größten Gläubiger, die USA, dazu, die Schuldenforderung erheblich zu reduzieren. Mit Erfolg: Nur noch 14 Milliarden Mark blieben übrig. Deutschland war auf einmal fast entschuldet und konnte durch das Lastenausgleichsgesetz die bis heute legendäre soziale Marktwirtschaft als Wirtschaftswunder zur weltweit beachteten Erfolgsgeschichte machen.

Das Lastenausgleichsgesetz hat die Amerikaner, die für ihren Kriegseintritt ähnliche Solidarabgaben erhoben hatten, davon überzeugt, dass die Deutschen mit den Mitteln des Marshallplanes sehr effektiv umgingen und durch Steuern und Vermögensabgaben den Aufbau der jungen Demokratie schaffen würden. In der Londoner Schuldenkonferenz wurde erstmals von 21 vertretenen Geberländern die wirtschaftliche und soziale Entwicklung eines Schuldnerlandes beurteilt. Wer weiß, wie Deutschland ohne Sondersteuern und Vermögensabgaben aus dieser Konferenz herausgekommen wäre.

Obwohl bereits 1951 das Bundesverfassungsgericht gegründet wurde, gab es in Deutschland keine Klagen und keinen großen Widerstand gegen die Solidarabgabe. Die ältere Generation erzählt noch heute gerne vom großen Zusammenhalt in der Nachkriegs-phase und betont dabei oft, dass die Not die Menschen zusammenschweiße.

Dies ist meist auch ein andauernder Vorwurf gegen meine Generation: Da ihr nie wirkliche Not und Krieg kennengelernt habt, wisst ihr auch nicht, was wirklicher Zusammenhalt in der Not bedeutet. Dem können wir wenig entgegensetzen – außer eben das solidarische Handeln ohne Not. Dass dafür allerdings ausgerechnet die Begleichung der deutschen Staatsschulden ein Beispiel sein könnte, haben die Initiatoren der Initiative *www.hurrawirtilgen.de* nicht erwartet. Kaum ein Tag vergeht, an dem nicht die ständig und beängstigend wachsende Menge der deutschen Staatsschulden in aller Munde ist. So groß der Zorn über Verschwendung und Privilegien, Bürgschaften und Zusagen auch ist, kein Bürger kommt auf die Idee, dass die Staatsschulden ja auch einfach durch die Bürger getilgt werden könnten. Zurzeit benötigt man etwa 25.000 Euro pro Kopf, um die etwas über zwei Billionen Staatsschulden zu tilgen. Das ist ein Mittelklassewagen oder eine mehrwöchige Luxus-Kreuzfahrt für zwei Personen.

Der Grund für diese Teilnahmslosigkeit ist eine lange eingeübte und daher in der Praxis bewährte Entfremdung zwischen Bürger und Staat. »Der Staat«, so glauben viele Bürger allen Ernstes, habe über »seine« Verhältnisse gelebt. Der Staat führt aber kein Eigenleben, sondern er sorgt für die Erfüllung der materiellen Bedürfnisse seiner Bürger. Viele, insbesondere wohlhabende Bürger, verspüren das Bedürfnis, von ihrem Einkommen so wenig wie möglich an den Staat zur Umverteilung abgeben zu müssen. Sie empfinden die Umverteilung als persönliche Bestrafung für ihre Leistung. Jahrzehntelang konnten die bürgerlichen Parteien Deutschlands mit dem Slogan »Leistung muss sich lohnen« die absurdesten Steuergeschenke zum mehrheitsfähigen Volksgeschenk deklarieren. Bezahlt wurden die Geschenke mit neuen Staatsschulden.

Das Motto von Ludwig XIV., *L'état c'est moi*, müsste eigentlich nach 63 Jahren Demokratie bei den Bürgern angekommen sein.

Im September 2010 veröffentlichte der Spiegel erstmals Zahlen des Basel Institute of Commons and Economics, die einen Vergleich der

Vermögensentwicklung mit der Entwicklung der Staatsschulden ermöglichten. Danach war der Anteil, den Wohlhabende und Unternehmen an den Gesamtsteuern trugen, zwischen 1950 und 2009 von 37 Prozent auf 16 Prozent gesunken. Die meisten Medien lehnten die Veröffentlichung der Berechnung, die auf Zahlen des Bundesfinanzministeriums beruhte, einfach ab. Ganz offensichtlich waren die Zahlen derart politisch, dass bereits ihre Veröffentlichung zur Chefsache erklärt wurde. Diese Ablehnung warf eine ketzerische Frage auf: War die Tilgung der deutschen Staatsschulden möglicherweise deshalb ein unerwünschtes Tabuthema, weil sie unweigerlich die Frage nach einer rückwirkenden Besteuerung des seit dem Wirtschaftswunder entstandenen Vermögens aufwarf? Oder wurde die Veröffentlichung nur abgelehnt, weil die Zahlen von einem unbekannten Grassroot-Institut stammten? Diese Besteuerung würde die gesamte deutsche Elite treffen, deren Vermögenszuwächse in Immobilien, Pensionsansprüchen, Lebensversicherungen und Wertpapieren einen historisch nie gekannten Vermögenswert von 100.000 Euro pro Kopf nach Abzug der Hypotheken- und Konsumentenkredite bescherte. Zur Freude der Vermögenden werden Immobilien noch immer nach dem sogenannten Einheitswert mit einer minimalen Grundsteuer belegt, die – falls die Immobilie vermietet ist – sogar noch der Mieter tragen muss. Nur in ganz wenigen Regionen Deutschlands sind die Grundwerte seit 1990 gleich geblieben oder gesunken. Das heißt: Sobald man auch nur ein bisschen ernsthaft an eine Tilgung der deutschen Staatsschulden denkt, geht es an das eigene Vermögen.

Diese unmittelbare Betroffenheit aber genau war es, die der Züricher Finanzmanagerin Ute Sommer und mir als große Chance zur Lösung des Schuldenproblems erschien: Wenn den Bürgern klar würde, dass es ihre Schulden und die ihrer Kinder seien, nicht die eines anonymen Staates, könnten sie gemeinschaftlich diese Schulden abbauen.

Diese Sichtweise wird ganz zu Recht als idealistisch sowohl gerühmt wie belächelt. Wir hatten nun die Idee, eine Initiative zur freiwilligen Tilgung der deutschen Staatsschulden zu gründen. Diese würde es Bürgern auch mit Kleinstbeträgen ermöglichen, ihre Verantwortung und damit ihren Einfluss auf die Gemeinschaftsfinanzen zurückzugewinnen. Würden Bürger sich wirklich an der Tilgung beteiligen? In den USA werden soziale Projekte durch Crowdfunding mit Kleinstbeträgen gefördert. Aber gleich zwei Billionen Euro? Am selben Abend, als Ute und ich in München zusammensaßen, waren wir zu einem Vortrag des Mannheimer Literaturwissenschaftlers Jochen Hörisch eingeladen. Dieser veranstaltete einen literarischen Streifzug durch die religiösen Begriffe, die die Wirtschaft durchdringen: Schuld, Schuldner, Schulden, Schuldenerlass, Gläubiger, Erlös, Erlösung. Anhand von Zitaten aus Goethes »Faust« und Thomas Manns Roman »Königliche Hoheit«, in dem ein Reicher die Schulden eines klammen Staates tilgt, entwickelte Hörisch die Idee, sich mit einem Opfer aus dieser finanziellen Zwickmühle zu befreien. Er habe gelesen, so Hörisch am Ende seiner Rede, dass den deutschen Schulden ein Vermögen von acht Billionen Euro gegenüberstehe. Man möge ihn als Geisteswissenschaftler gerne für naiv halten – aber es müsse doch möglich sein, mit dem Vermögen die Schulden zu tilgen.

Als wir nach dem Vortrag zusammen beim Bier saßen, erzählten wir ihm von unserer Initiative. Hörisch erklärte sich spontan bereit, 10.000 Euro aus seinem Vermögen von 50.000 Euro zur Tilgung der deutschen Staatsschulden bereitzustellen. Er war unser Tilger Nummer eins. Als ihn der bei dem Vortrag ebenfalls anwesende Redakteur der Süddeutschen Zeitung, Hans von der Hagen, später in einem Interview fragte: »Interessanter Vorschlag – aber leider chancenlos, oder?«, antwortete Hörisch: »Vielleicht chancenlos, aber wir wollen eine Diskussion mit neuen Argumenten anzetteln und haben deshalb die Initiative ›Hurra, wir tilgen‹ ins Leben gerufen. Sie will dem langweiligen Spiel ein Ende setzen, immer die anderen zur Kasse zu bitten. Jeder kann sich an der Tilgung der Schulden beteiligen. Ich habe 10.000 Euro gespendet, das waren 20 Prozent meines liquiden Vermögens. Für mich war diese Spende ein spannender Selbstversuch: Kann ich meinen Geiz und meine Gier überwinden? Und siehe da: Ich habe mich selbst überrascht.«

Ich fürchtete anfangs, Hörisch werde es sich doch noch anders überlegen. Schließlich tilgten Ute Sommer 3.000 und meine Frau und ich 1.500 Euro. Um den Gedanken der Bürgerbeteiligung in der Initiative in den Vordergrund zu stellen, nicht den getilgten Betrag, konnten die Tilger ihre Begründung für die Teilnahme veröffentlichen. Es zeigte sich, dass auch Tilger mit kleineren Beträgen ohne es zu wissen an die Solidaritätsaktion von 1952 anschlossen. Im Folgenden eine kleine Auswahl von Tilgern und ihre Begründungen:

Traute Behrendt, Jüteborg, 200 Euro … Wenn alle auch nur einen kleinen Teil beitragen, kann viel erreicht werden.

Robert Schimkart, München, 25 Euro … Weil ich nicht nur fordern, sondern auch handeln will.

Unbekannt, 500 Euro … Weil ich es leid bin, auf verantwortungsvolle Politiker zu hoffen und die Reichen sich vorwiegend um sich selber kümmern.

Ralf Scheffel, 100 Euro … Ich glaube daran, dass es genug verantwortungsbewusste Bürger in Deutschland gibt, die den Sinn einer gesamtdeutschen Entschuldung durch jeden Einzelnen verstehen und sich an dieser systemrelevanten Aktion beteiligen. Ich glaube auch daran, dass unsere deutschen Politiker verantwortungsvoll den Staatshaushalt organisieren, um zukünftig eine Neuverschuldung zu minimieren.

Michael Klinger, Neu-Anspach, 50 Euro … Weil wir das sowieso zahlen müssen und meine Kinder nicht dafür geradestehen sollen, was unverantwortliche Schuldenpolitik in meiner Lebenszeit verzockt hat. Sobald ich sehe, dass die Initiative Erfolg hat, werde ich mehr und öfter tilgen, um meinen Teil der Verantwortung zu übernehmen.

Unbekannt, 10 Euro … Weil es schon lange mein Wunsch ist, dass zum Beispiel jeder Bürger nur ein Prozent seines Guthabens zur Schuldentilgung verwenden sollte; diese Idee hatte ich schon vor Jahren, weil ich auch der Meinung bin: Der Staat sind wir alle. Meine privaten Schulden sind auch hoch im Verhältnis zu meinem Einkommen, aber mir geht es trotzdem im Vergleich zu anderen sehr gut, obwohl ich lt. Statistik an der unteren Armutsgrenze lebe. Wer nur ein Prozent seines Vermögens zur allgemeinen Schuldentilgung abgibt, hat immer noch 99 Prozent übrig. Ich finde, dass das niemandem wehtun kann! – auch nicht dem Ärmsten.

Geza T., Hamburg, 25 Euro … Weil auch ich als Studentin an einem schuldenfreien Staat interessiert bin. Schließlich bin ich es und meine Generation, die dieser unglaubliche Schuldenberg eines Tages überrollen wird. Je früher wir ihn los sind, desto besser.

Henner Busch, Lund, Schweden, 30 Euro … Weil der Zinseszins zwar »die genialste Erfindung des menschlichen Geistes« (Einstein) ist, andererseits aber auch gehörig nach hinten losgehen kann.

Dr. Karin Heilmann und Franz Josef Buschmeier, Berlin, 400 Euro … Weil die Steuern in unserem Land für zukunftsorientierte Ausgaben wie Bildung und Erhalt der Lebensqualität ausgegeben werden sollen und nicht für Zinsen. Und weil ich dankbar bin, in diesem Land mit einem hohen Lebensstandard leben zu können.

Alexander Woitas, Dinslaken, 100 Euro … Weil ich zwei Kinder habe, weil Staatsverschuldung über den Zins leistungslose Einkommen für Vermögende bedeutet und Geld wie mit dem Staubsauger von den vielen wenig Verdienenden zu den wenigen Vermögenden umgeschichtet wird, weil diese Initiative so einfach und gleichzeitig radikal neu ist, dass sie mitten ins Mark trifft und hoffentlich zum Nachdenken über unser Wirtschaftssystem anregt, weil ich einen Paradigmenwechsel und eine Welt ohne Wachstumszwang will.

Die Begründungen zeigen, dass durchaus ein von Einkommen, von Wohnort und sozialem Stand unabhängiger Gemeinsinn vorhanden ist. Die Frage ist: Wie kann er auch für die Gemeinschaft im großen Maßstab wirksam werden? Anhand der Internetseite konnten wir messen, wie viele Tilger aufgrund eines im Internet vernetzten Artikels zu uns gestoßen sind. Dabei entstand eine interessante Berechnung. Den Artikel auf Spiegel-Online haben etwa 200.000 Menschen gelesen. Davon kamen 2.000, also ein Prozent, auf unsere

Seite. Und von diesen 2.000 tilgten dann zehn, also 0,5 Prozent. In der Marketingsprache bezeichnet man diese Prozentzahl als Konversionsrate. Das klingt sehr wenig – aber nur, wenn man nicht die Größe des Internets betrachtet. In der Internetwerbung gilt eine Konversionsrate von 0,5 Prozent als sehr hoch. Das heißt: Ein Anbieter von Flügen oder Versicherungen, der 1.000 neue Kunden gewinnen möchte, muss dafür 200.000 User auf seine Seite locken. Um diese zu erreichen, braucht er wiederum 20 Millionen Seitenansichten seiner Werbung. Das klingt nach sehr viel.

Aber auf die Startseite eines großen Internetportals wie bild.de kommen im Monat 143 Millionen Besucher. Rein mathematisch sollte es also reichen, etwa vier Tage auf den Hauptseiten von bild.de zu werben.

Wir versuchten deshalb, die Bildzeitung, Stern und Spiegel für die Unterstützung der Initiative zu gewinnen – leider vergeblich. Der Stern teilte uns mit, dass er überhaupt erst über unsere Initiative berichten würde, wenn wir mindestens 100 Millionen Euro Tilgungskapital eingesammelt hätten. Und so beißt sich die Katze in den Schwanz: Da die meisten Portale eine kostenfreie Verlinkung zu unserer Initiative ablehnen, haben wir nur etwa 50 Besucher pro Tag.

Aber der erste Schritt zur Schuldenfreiheit der Deutschen ist getan. Wer weiß, vielleicht machen ja die Medien doch noch mit?

In der Gemeinschaft der Gläubigen – die Benediktiner

Die Sonnenstrahlen scheinen durch das Mosaikfenster der Kapelle des Klosters und Kinderheimes St. Alban und werfen bunte Farbflächen auf die weiße Wand. Pater Augustinus aus dem benachbarten St. Ottilien hält einen Kindergottesdienst; er ist vielleicht Mitte 30 und stammt aus Vietnam. Diese Nacht hat es zum ersten Mal Frost gegeben. Das Laub der Walnussbäume, Birken, Kastanien und Buchen fällt auf Straßen und Steige des idyllischen Villenviertels am See. Etwa 70 Schwestern, Kinder und Eltern aus der Umgebung sind in die gut geheizte Klosterkapelle gekommen. Einige Kinder tragen Anoraks für 280 Euro und werden von einer Nanny begleitet. Was sie wohl denken, wenn sie Zeilen wie diese mitsingen: »Menschen voller Stolz und Hochmut treibt er davon. Die die Macht missbrauchen, stößt er hart von ihrem Thron.« Die Botschaften des Kindergottesdienstes sind derart antimaterialistisch, dass sie auch von keiner Kollekte und keinem Spendenaufruf begleitet werden. Diese Aufführung ist rein spirituell, und es scheint, als ob dies die Besucher spüren. Nach dem Ende des Gottesdienstes sitzen Jung und Alt noch singend und musizierend zusammen. Man kann sich mit kleinen Schellen und anderen Rhythmusgeräten beteiligen.

Pater Augustinus hat eine sehr ungewöhnliche Predigt gehalten: Er lief mit Bildern senegalesischer Kinder durch die Reihen und fragte, was an den Kindern auffiele. Das Offensichtlichste an diesen Bildern war, dass sie nicht Elend und Not, sondern Lächeln zeigten. Diese seit Jahrzehnten verbreiteten Bilder nicht mit einem Spendenaufruf in Verbindung zu bringen, erfordert Mut und eine eigene theologische Position. Die Erzabtei St. Ottilien, in der Augustinus Pater ist, ist eine benediktinische Abtei. Die Benediktiner sehen – anders als viele andere Orden und Fraktionen des Christentums – ihre Aufgabe in erster Linie im Gebet. Zu allen Zeiten ist nicht nur von der atheistischen Krieger- und Kaufmannsgesellschaft, sondern auch von vielen mildtätigen Organisationen das Gebet als angeblich sinn- und nutzlose Verschwendung von Zeit und Geld belacht worden. »Gebete machen nicht satt« – unter diesem Credo leiden nicht nur christliche Priester, sondern auch Sunniten und Schiiten, Buddhisten und Hindus, Umweltschützer und Menschenrechtler.

Das Gebet als nicht effektive und nicht rationale Tätigkeit wird in weiten Teil der Gesellschaft als Provokation empfunden. Pater Augustinus nun rief in seiner Predigt dazu auf, für die Kinder im Senegal zwei Vaterunser zu beten. Nicht jetzt, im Gottesdienst. Nicht gemeinsam in der Gruppe, sondern alleine und wo man möchte. Die Benediktiner beten für andere durch sogenannte Fürbitten – dies könnte man als den Dienst bezeichnen, den sie der Welt anbieten. Auf der Webseite von St. Ottilien kann man sogar eigene Fürbitten einreichen, die dann ins Gebet eingeschlossen werden. Aber für erwiesenermaßen bedürftige senegalesische Kinder zu beten? Dies ist selbst in sehr katholischen Kreisen keineswegs ein theologisch und sozial gebilligter oder gar geförderter Akt. Beten für Bedürftige gerät ganz schnell in den Verdacht von Zynismus und Mitleidlosigkeit.

In den katholischen Kindergärten und Grundschulen Oberbayerns werden deshalb Eltern und Kinder kurz vor der Adventszeit dazu aufgefordert, im Namen des heiligen Martin Pakete für rumänische Kinder zu packen. Die Aktion erfreut sich sehr großer Beliebtheit. Familien packen Spielzeug, Schulhefte, ausgediente und ungeliebte Teddys, Handschuhe und alte CDs von Take That und Benjamin-Blümchen-Folgen in festlich verpackte Pakete. Väter fahren die Lastwagen selbst nach Rumänien, in der irrigen Annahme, hungernde Postboten könnten die Pakete plündern und ihren Inhalt verkaufen. Rumänien ist seit 2007 EU-Mitglied und es gibt durchaus einige Rumänen, die auf dem gleichen Niveau leben wie Deutsche oder Österreicher. Überhaupt die Kinder: Wenn, dann benötigen die erwachsenen Rumänen Unterstützung. Nach Ansicht professioneller katholischer Hilfsdienste, etwa der Johanniter, fehlen in Rumänien vor allem kostenlose Medikamente und medizinische Versorgung. Nun sollen sich die an der Armutsgrenze lebenden rumänischen Eltern vor den wohlhabenden Bayern dafür schämen, dass sie ihren Kindern nicht die angemessenen Weihnachtgeschenke machen können. Die Botschaft der Pakete: Selbst unsere Kinder sind reicher als eure Eltern. Allerdings dürften auch rumänische Kinder sich wohl eher ein Fahrrad, einen Nike-Trainingsanzug und einen iPod wünschen, als Handschuhe und Schulhefte. Vor allem aber Bargeld. Dass die Aktion mit Unterstützung des Bayerischen Rundfunks trotzdem seit Jahren immer wieder auf große Beteiligung stößt, liegt an ihrem Effekt: Sie ermöglicht es Familien, ganz ohne persönlichen Arbeits- und Finanzeinsatz ein symbolisches Gemeinschaftsgefühl für Ärmere und Schwächere zu zeigen. Keine dieser Familien würde eine rumänische Familie auf Arbeitssuche bei sich einquartieren. Die Österreicher sorgen bereits dafür, dass die Rumänen aus Bahn, Bus und Auto aussteigen müssen, bevor sie Bayern erreichen. Ich las einmal in Wals bei Salzburg zwei Rumänen auf, deren Auto von den bayerischen Grenzern beschlagnahmt wurde, da sie den Vorschuss in Höhe von 450 Euro wegen des gegen sie eingeleiteten Verfahrens wegen illegaler Einreise nach Bayern nicht bezahlen konnten. Pleite und zu Fuß irrten sie nun durch das Grenzland. Die Salzburger Polizei bot mir an, sie sofort in Abschiebehaft zu nehmen. Stattdessen setzte ich sie am Bahnhof Salzburg mit One-Way-Tickets in den Zug zurück nach Bukarest. Als mein Bericht darüber in den Salzburger Nachrichten erschien, schickte mir ein Leser einen 50-Euro-Schein. Seine Begründung: Als Autor hätte ich die Kosten für diese Aktion sicher nicht wiedereingespielt.

Die Fürbitte der Benediktiner ist eine außergewöhnliche und ausdrücklich nichtmaterielle Leistung. Auf den Gesichtern der Kinder wie der Erwachsenen beim Kindergottesdienst konnte ich sehen, dass kaum einer diesem Aufruf folgen wollte. Pater Augustinus fragte unvermittelt: »Glaubt hier jemand, dass Geld glücklich macht? Dann meldet euch bitte, auch Erwachsene.« Ein schüchterner Junge mit Brille hinter mir meldete sich. Er war ein Heimkind und lächelte bei seiner Meldung. Ich nickte ihm zustimmend zu und meldete mich ebenfalls: Selbstverständlich kann Geld glücklich machen! Vielleicht nicht immer und nicht jeden, aber dies zu leugnen, ist weder theologisch noch ethisch gerechtfertigt. »Aber wir senden den Kindern im Senegal kein Geld, sondern wir beten dafür, dass sie ihr

Lächeln behalten, denn in ihnen lächelt der Herr.« Pater Augustinus hatte mit dem schärfsten Tabu gebrochen, das in Bayern zum Thema Entwicklungshilfe gilt: Er hatte Spiritualität über Materialismus gestellt. Mit rund 500.000 Beschäftigten ist die katholische Caritas Deutschlands größter Einzelarbeitgeber nach dem Staat. In zahlreichen Dienstleistungsverträgen erbringt sie vergütete Leistungen wie Entwicklungshilfe, Kinder- und Altenbetreuung, Behindertenrehabilitation und medizinische Hilfe. Ein Großteil der Finanzmittel der katholischen Kirche weltweit wird von den 24 Millionen deutschen Kirchenmitgliedern aufgebracht. Obwohl der deutsche Kardinal Josef Ratzinger selbst den Namen des Ordensgründers Benedikt trägt, betont innerhalb der katholischen Kirche nur eine Minderheit die spirituelle Leistung. Von den weltweit noch knapp 1.000 sogenannten Missionsbenediktinern, die um die Jahrhundertwende unter anderem in Südafrika und Korea missionierten, ist St. Ottilien die größte Gemeinschaft. Mit dem Gedanken der Mission verfolgen sie fast als letzte Katholiken den Gedanken der spirituellen, nicht materiellen Hilfe. Zwar sagte man auch dem Ordensgründer Benedikt von Nursia nach, dass er die Bevölkerung rund um Perugia in Umbrien in der Not unterstützt haben soll, aber es wäre interessant zu erfahren, welche Form diese Unterstützung hatte.

Dass geistlich-spirituelle Unterstützung und Hilfe wertlos sein sollen, ist eine relativ junge Erkenntnis in der Entwicklungshilfe seit dem Zweiten Weltkrieg. An die Stelle des Glaubens ist die Bildung getreten, die man nun als Schlüssel der Befreiung von Armut und Gewalt ansieht.

Auch Bildung ist und hat eine Mission. Sie folgt dem Prinzip, dass man nur durch die Summe der zur Erreichung ökonomischer Nützlichkeit erforderlichen Eigenschaften aus der Armut findet; ein Prinzip, das in vielen Ländern Afrikas ständig widerlegt wird, da für die nun besser Gebildeten keine Arbeitsplätze zur Verfügung stehen. Im Grunde ist daher sehr oft auch Bildung eine spirituelle Leistung, auch wenn das von ihren Propheten bestritten würde.

Mit seiner Aufforderung an die Gemeinschaft der Gläubigen, die notleidenden senegalesischen Kinder in ein eigenes Gebet mit einzuschließen, machte uns Pater Augustinus nicht nur zu spirituellen Missionaren, sondern auch zu spirituellen Entwicklungshelfern. Anders als etwa die Regierung und viele Wirtschaftsvertreter Südafrikas leugnen die katholischen Priester nicht die Not. Sie wissen aber auch, dass die Not nicht mit Spenden überwunden werden kann. Auch der Zustand einer Gemeinschaft ist Ausdruck des Bewusstseins ihrer Mitglieder. Das heißt: Wenn in einer Gemeinschaft, wie in den meisten Staaten Afrikas, nur das Interesse von Clans und Stämmen durchgesetzt wird, dann werden auch alle Reichtümer, erworbene wie durch Spenden erschenkte, nach »Clanschlüsseln« verteilt. Deshalb leben die Hilfsbedürftigen meist in Lagern in der Obhut internationaler Organisationen. Sobald aber die Lager aufgelöst werden, finden sie sich in den alten Strukturen wieder.

Die senegalesische Unternehmerin Magatte Wade hat deshalb einen der bekanntesten Entwicklungshilfegurus der Welt, den Amerikaner Jeffrey Sachs, der die sogenannten UN Millenniumsziele entwarf, hart kritisiert: Er, Gates und Buffett täten nichts für den Aufbau der dortigen Wirtschaft durch die Unterstützung einheimischer Unternehmer. Vielmehr zerstörten die Hilfslieferungen an Nahrungsmitteln, Kleidung und Werkzeug gerade die kleinsten Ansätze einer heimischen Wirtschaft. Mit einem geschenkten Gut könne kein Händler und Produzent, mit einem kostenlos gebauten Brunnen kein Handwerker oder Bauunternehmen konkurrieren. Ihre Kollegin, die Harvard-Ökonomin Dambisa Moyo aus Sambia, geht sogar noch weiter. Sie spricht von einer Dead Aid, einer tödlichen Hilfe, die in völliger Verkennung dessen, was Gemeinschaften für ihre Selbstheilung benötigen, der Gemeinschaft ihre eigenen Funktionen entzieht. Hilfe fördert nur Korruption, Armut und sogar Krieg. Die mit ihr verbundene Entmündigung verunmöglicht die Schaffung eigener politischer und wirtschaftlicher Strukturen.

Vor diesem Hintergrund gewinnt die spirituelle Hilfe der Benediktiner doch eine andere Bedeutung. Die benediktinische Abtei Münsterschwarzach, der der in allen Medien präsente Anselm Grün vorsteht, hat eine Fair-Handel GmbH gegründet, die überwiegend Kunsthandwerksprodukte aus zahlreichen Ländern anbietet. Auch zum Erwerb von Kunsthandwerk benötigt man eine spirituelle

Motivation. Kunsthandwerk besteht in erster Linie aus Gegenständen, denen vom Erzeuger wie vom Käufer eine spirituelle oder ästhetische Bedeutung verliehen wird. Einen lebensnotwendigen Gebrauchswert haben sie in der Regel nicht. Der Effekt, den man sich davon erhofft, etwa geistige Inspiration und Harmonie, ist allerdings auch durch das Gebet erzielbar. Der Umweg über das Produkt zwingt die Hersteller zur aufwendigen Materialbearbeitung. Sie benötigen eine Werkstatt und Lagerraum. Lokale Behörden und Schmiergeldempfänger interessieren sich für sie und ihre Euro-Connection nach Deutschland. Es entstehen Transport-, Werbe- und Einfuhrkontrollkosten. Handelsspannen werden aufgeschlagen und sogar Umsatzsteuer ist zu entrichten. Wenn bei einem kirgisischen Engel für 19,50 Euro 4 Euro an den Erzeuger gehen, ist das viel. Ist es denn so absurd, den Herstellern die 4 Euro zu geben, ohne dass sie dafür einen Engel herstellen und versenden müssen, der spätestens nach fünf Weihnachtsfesten im Müll landet?

Die Trennung von Materiellem und Immateriellem fällt selbst in der Gemeinschaft der Benediktiner sehr schwer. So locken die Profis von Münsterschwarzach finanzkräftige Spender gar mit Steuerersparnis: »Bei Zustiftungen können Sie bis zu einem Betrag von maximal 1 Million Euro auf 10 Jahre bei der Einkommensteuererklärung geltend machen. Bei Zuwendungen (Spenden) bis zu 20 Prozent des Gesamtbetrages der Einkünfte. Nutzen Sie die steuerlichen Vorteile der Stiftung.« Aus dieser Perspektive wären die Fürbitten der Benediktiner ein Verlustgeschäft zumindest für die deutsche Gemeinschaft. Es fällt also gerade der Gemeinschaft der Gläubigen schwer, an die Hilfskraft der eigenen Gebete zu glauben und deren immateriellen Charakter gegen alle Anfeindungen der Nutzlosigkeit zu verteidigen. Sie vertraut weitgehend auf Kirchensteuern, Kollekte, Spenden und Umlagen, auf Bezahldienste und den Handel mit Kunsthandwerk, Bier, Mineralwasser und Likör.

Die Gemeinschaft der Gläubigen birgt mit Sicherheit das größte Sozialkapital der Welt. Wir sollten sie in unser Gebet einschließen, wenn wir ihr wünschen, dass sie den Raum des Immateriellen verteidigt und für uns aufrechterhält. Wir werden ihn noch brauchen.

Zwischenbilanz: Ist das schon Sozialkapital?

Die Bollschweiler mit ihrem genossenschaftlichen Dorfgasthaus, die Isländer als Literatenvolk, der Unternehmensberater als Altenpfleger, Wohngeld vom Vermieter in der Schweiz, freiwillige Tilger von zwei Billionen Euro Staatsschulden – dies alles sind möglicherweise Beispiele für eine Kapitalform, deren Namen wie ein Selbstwiderspruch klingt: *Sozialkapital*. Selbstwiderspruch, weil doch der größte Einwand gegen Kapital und Kapitalismus der ist, dass der Kapitalist unsozial ist und auf Kosten der Gemeinschaft handelt.

Als französische und amerikanische Wissenschaftler in den 80er-Jahren zum ersten Mal den Begriff verwendeten, meinten sie in erster Linie den Wert sozialer Netzwerke. In den USA wurde dann gezählt, in wie vielen Vereinen und Organisationen ein Mensch Mitglied ist. Ergebnis: Ein US-Bundesstaat war umso wohlhabender, je stärker seine Bevölkerung ehrenamtlich organisiert war. Was dabei Ursache, was Wirkung war, ließ sich nicht leicht unterscheiden. Ist starkes ehrenamtliches Engagement Ausdruck von Reichtum? Oder seine Bedingung? Damit wurde Sozialkapital erstmals als ökonomischer Erfolgsfaktor angesehen.

Um die hier aufgeführten Beispiele tatsächlich als Ausdruck unterschiedlichster Formen von Sozialkapital ansehen zu können, bietet sich eine einfache und klare Definition an: *Sozialkapital ist die Summe immaterieller Werte und Güter in einer Gemeinschaft*. Wann immer diese zum Einsatz kommen, wird Sozialkapital aktiviert. Dies kann ein einzelner Mensch durch Gebete, eine Einladung oder Vorschläge zur Organisation der Altenpflege ohne Hürden und Vorbedingungen selbst tun. Vielleicht ist nicht jeder ein Künstler, wie Joseph Beuys einst provokativ behauptete, aber jeder verfügt über Sozialkapital. Deshalb finden sich unter den hier geschilderten Beispielen auch keine bekannten Großprojekte wie etwa Stuttgart 21 oder die Atomkraft-nein-Danke-Bewegung, sondern eher unspektakuläre Projekte ohne wirkliche Massenbasis. Das Sozialkapital ist in vielen Fällen ein verborgener Reichtum.

Beispiele für erfolgreich genutztes Sozialkapital

Land/Projekt	Art des Sozialkapitals
Deutschland, badisches Weinland genossenschaftlich gebautes und betriebenes Dorfgasthaus	»Seele des Ortes«, verbessertes Sozialklima, Dorfrevitalisierung, sanfter Individualtourismus
Slowenien hochwertiger und hochpreisiger Wein	regionale Wertschöpfung, regionale und nationale Identität, Slow Food, sanfter Individualtourismus, Dorfrevitalisierung
Alpenraum Almen und Brauchtum als Allmende und Gemeingut	Begegnungsraum von Einheimischen und Fremden, Natur- und Kulturbewahrung
Norwegen Bewältigung des Breivik-Attentates ohne Schuldzuweisungen	Vertrauen, Versöhnungsbereitschaft, Kollegialität, Gelassenheit, Fähigkeit zu trauern
USA, New York Bewältigung der Folgen der Finanzkrise	Hilfsbereitschaft und Solidarität unter den ethnischen Gruppen, das Bewusstsein, selbst Einwanderer zu sein und zu bleiben, Fremdheit als Gemeinsamkeit
Schweiz, Basel Umwidmung von privatem Grundeigentum in gemeinnütziges Eigentum	Philanthropie, soziale Solidarität von Reichen mit Armen
Island Bewältigung der Finanzkrise durch Besinnung auf Kultur und Natur	Kulturaustausch mit Nachbarstaaten, Umwelt- und Naturschutz, sanfter Tourismus, Solidarität, Versöhnungsbereitschaft

Indien, Kerala Bewahrung eines 15 Milliarden Euro Schatzes	Bedeutung immaterieller Werte, Geschenkkultur, Spiritualität, Kulturpflege
Deutschland Vorschlag zur Neuorganisation der Altenpflege	Solidarität, Nachhaltigkeit, Generationenvertrag, soziale Gerechtigkeit
Nepal Essen und Wasser als Geschenke der Chepang	Solidarität, Gastfreundschaft, soziale Gerechtigkeit
Deutschland Lastenausgleich 1952/Tilgungsinitiative zur Entschuldung des Staates	Vertrauen, Solidarität, Hilfsbereitschaft, soziale Gerechtigkeit, Verantwortung für die Gemeinschaft
Deutschland Gebet der Benediktiner für notleidende Menschen	Spiritualität, Hilfsbereitschaft, nicht materielle Werte, Bewusstsein für die Not anderer

Sozialkapital, das zeigen die Beispiele, ist nicht nur eine Frage der Mitgliedschaft und Aktivität in Organisationen. Eine Frage wurde dabei allerdings bisher nicht gestellt: Tragen untereinander erfolgreich vernetzte Gemeinschaften auch zum Gemeinwohl bei? Selbst Organisationen mit noch so sozialen Zwecken können über sehr geringes Sozialkapital verfügen, etwa, wenn sie nur noch bezahlte Helfer beschäftigen, oder Interessen vertreten, die der Gemeinschaft großen Schaden zufügen. Die kommunistische Partei Chinas, deren hohe Ansprüche durch Fälle von Korruption und Willkür ihrer Mitglieder ständig infrage gestellt werden, versucht mit drakonischen Strafen, die eigene Gemeinschaft auf Gemeinwohlkurs zu halten.

Wir werden an den Beispielen der Bundessteuerberaterkammer, einer Anstalt des öffentlichen Rechts, der italienischen Mafia und des African National Congress (ANC) noch darauf zurückkommen, dass gut organisierte Gemeinschaften auch dauerhaft die Gemeinschaft schädigen können.

Auf jeden Fall zeigt sich in den bisherigen Beispielen, dass Vertrauen und Hilfsbereitschaft die Voraussetzung dafür sind, dass

Menschen gemeinsam Werte schaffen, die mit Geld kaum oder nur zu einem sehr hohen Preis gekauft werden können. Sie schaffen damit indirekt eine Grundlage für Zeiten der Finanzknappheit, denn mit dieser Fähigkeit kann eine Gemeinschaft jeder ökonomischen Krise gelassener entgegensehen.

In der modernen Sozialpolitik wird eine solche Wirkung des Sozialkapitals keineswegs nur positiv beurteilt. So könnte der Appell zur Selbsthilfe ja auch ein Argument sein, um sich vor staatlichen und gemeinschaftlichen Pflichten zu drücken. Dann würde Sozialkapital zur Sparmaßnahme in öffentlichen Haushalten degradiert. Vertrauen, Hilfsbereitschaft und Geschenkkultur würden zu Lückenbüßern für nicht mehr finanzierbare öffentliche Aufgaben.

Dass Sozialkapital weit mehr ist, als nur das Ersetzen bezahlter Arbeit durch Freiwilligenarbeit, zeigen die Forschungen mit dem Deutschen Sozialklimaindex. Auf die dort gestellte Frage, was man Menschen außerhalb der eigenen Familie ohne Anspruch auf Gegenleistung schenkt, wurde nämlich am häufigsten die Aufmerksamkeit genannt. Aufmerksamkeit zu schenken, war allerdings nie ein Etatposten im Haushalt und wird auch bezahlt nur sehr eingeschränkt als Dienstleistung angeboten, nämlich im Fall einer seelischen Krise. Dass die äußerst schwer zu messende und stets unterschiedlich empfundene, erwiesene und empfangene Aufmerksamkeit zumindest in Deutschland das Hauptgeschenk des Sozialkapitals darstellt, zeigt, dass Sozialkapital tatsächlich ein Kapital jenseits von materiellen Werten und ökonomischem Nutzen ist.

Wir haben bisher auf Beispiele geblickt, in denen dieses Kapital genützt wurde. Was aber, wenn es weitgehend ungenützt bleibt? Die Diagnose eines ungenützten Sozialkapitals ist eigentlich positiv, weil sie der betreffenden Gemeinschaft ein Potenzial aufzeigt, das sie entdecken und entwickeln kann und das ihre Zukunft sichert. Die 48 Millionen Mitglieder der beiden Kirchen aber als brachliegendes Sozialkapital zu verbuchen, könnte auch als beleidigende Kritik empfunden werden. Jede Gemeinschaft lebt nicht nur in dem Glauben, sondern in der Gewissheit, mit ihren Mitgliedern bereits optimal dem Gemeinwohl zu dienen. Das Gemeinwohl ist Kern der Identität auch des ADAC, der Unternehmerverbände, der Parteien, aller Verwaltungen und Behörden und natürlich auch aller religiösen Vereinigungen. Sobald eine Vereinigung das juristische Prädikat »gemeinnützig« erhalten hat, etwa das Nationale Olympische Komitee, das Rote Kreuz oder die Deutsche Multiple Sklerose Gesellschaft, scheint sich die Frage nach dem Gemeinwohl erledigt zu haben. Sie ist scheinbar bereits durch die Satzung und die in ihr formulierten Ziele beantwortet. Allenfalls besondere Missstände wie persönliche Verfehlungen von Mitarbeitern könnten dazu führen – wie jüngst bei der deutschen UNICEF –, das Gemeinwohl einer Organisation infrage zu stellen. Es wird deshalb nicht immer leicht sein, objektiv vorhandenes Sozialkapital von demjenigen Sozialkapital zu unterscheiden, welches nur auf dem Papier als guter Vorsatz des Gemeinnutzens besteht.

III

Wie Sozialkapital gemessen wird

Warum die nepalesischen Chepang sozialer sind, als es die Indizes behaupten

Können McDonald's und die Zeugen Jehovas in Sachen Mitarbeiterführung und Service voneinander lernen? Sie haben vieles gemeinsam: Sie sind weltweit aktiv, haben ein überschaubares und einfaches Produkt und wirken ein bisschen aus der Mode gekommen. Wenn man wohlwollend ist, könnte man sagen: Sie sind im öffentlichen Raum präsent und ihre Leistung bewährt. Wenn man weniger rücksichtsvoll spricht, könnte man sagen: Sie haben einen langen Abstieg vor sich. Ihre Zeit ist vorbei. Ob sie sich neu erfinden können?

In jeder Gemeinschaft, jedem Unternehmen ist es heute üblich, Stärken und Schwächen aufzulisten. Dann kommen die Berater und sagen, wer in dem jeweiligen Bereich der Beste ist, wer derjenige ist, an dem sich die anderen orientieren sollen. In der Sprache moderner Marken wäre das ein Unternehmen mit einer Produktphilosophie wie Apple, dem Service der katholischen Kirche, der Personalführung von BMW und der Profitabilität von Warren Buffetts Berkshire Hathaway. »Lernen von den Besten« ist aber nicht nur bei Unternehmen und Organisationen, sondern auch bei Staaten ein beliebtes pädagogisches Prinzip. Wenn die Berater der Weltbank und des Internationalen Währungsfonds, der UNO und der EU in die Büros einer Regierung einrücken – etwa jüngst die Greece Task Force in Athen –, dann bringen sie nicht nur schlechte Nachrichten mit. Vielmehr erwähnen sie gerne die Stärken, die Punkte, in denen ein Land wirklich gut ist. Um zu verdeutlichen, wie wohltuend und heilend die Stärken sind, führen sie Beispiele für Länder an, die nicht alles, aber vieles besser gemacht haben. Zum Beispiel in der Schuldenpolitik. Seit etwa zehn Jahren laufen die Ökonomen der Europäischen Zentralbank und der staatlichen Wirtschaftsforschungsinstitute herum und erzählen das Märchen von der belgischen Schuldentilgung. Danach hätten die Belgier ihre Schulden in Höhe von 144 Prozent ihres Bruttoinlandsproduktes auf 84 Prozent gesenkt. Es ist ein Märchen, weil die Belgier im gleichen Zeitraum nicht einen Euro getilgt, sondern immer nur weitere Schulden aufgenommen haben. Die Vorbilder sollen eine erzieherische Wirkung haben. Im Falle der Griechen wäre die Wirkung vermutlich die, dass sie, wie bereits beim Beitritt zur Eurozone, lernen, dass man sich leicht manipulierbare Zielvorgaben setzen muss, für deren Erfüllung man nur ein paar Zahlen zu verdrehen braucht. Längst befinden sich alle Staaten und Regierungen in einem ständigen Lernwettbewerb, in dem es nicht um Sinn oder Nutzen der Lehrinhalte geht, sondern um die Erfüllung wahnwitziger Vorgaben. So soll mit dem nach der niederländischen Stadt benannten Maastricht-Kriterium ein Staat mit nicht mehr als 60 Prozent seines Bruttosozialproduktes verschuldet sein und keine Neuverschuldung über drei Prozent des BIP haben. Das viel gelobte Belgien wird dabei natürlich auch immer wieder als Vorbild erwähnt. Leider haben sich die Staatsschulden der Belgier seit 1995 verdoppelt, nicht halbiert.

Inzwischen bewerten zahlreiche Umwelt- und Bildungsorganisationen aber Staaten auch nach ihrer Beachtung der Menschenrechte, nach ihrem ökologischen Fußabdruck (footprint), ihres Einsatzes für den Erhalt der Artenvielfalt und der Bekundung des persönlichen Glücks ihrer Bewohner. Eine Reihe dieser neuen Indizes, etwa der Happy Planet Index und der Human Development Index der UN, der vom Nobelpreisträger Amartya Sen mitentwickelt wurde, gelten inzwischen als Standard für eine Bewertung von Staaten nicht nur nach ihrer Wirtschaftskraft. Ein World Giving Index misst inzwischen die Spendenbereitschaft, ein Global Peace Index die Friedfertigkeit. Für Korruption ist der Corruption Perception Index zuständig. Umweltschutz und klimafreundliches Verhalten werden im Environmental Performance Index gewürdigt. Die Botschaft dieser Indizes: Ihr kaputten und zerstörten, missratenen und fehlgeleiteten Länder, blickt auf die Plätze eins bis zehn der Indizes! Dort seht ihr, wie es richtig gemacht wird. Oder, positiv formuliert: Wenn ihr euch bemüht und es besser macht, könnt ihr in unserem Index ein paar Plätze aufsteigen, und wer weiß, vielleicht seid ihr irgendwann auch ganz oben in den Top Ten?

Wenn man weiß, dass diese Indizes Entscheidungsgrundlage für Kredite und Entwicklungsprogramme, für Hilfen und Kooperationen sind, kann einem angst und bange werden: Wie sollen arme Entwicklungsländer das Niveau jahrhundertealter Demokratien wie Norwegen und der Schweiz erreichen, die zudem in einer klimatisch und militärisch absolut risikofreien Wohlstandszone liegen? Und was sollen sie von diesen beiden, in allen Indizes weltweit führenden Ländern lernen? Wie man Wüsten bewässert und kultiviert? Stammesfehden vermeidet? Die Amerikaner aus dem Land jagt? Die Ölquellen und Bergwerke in Staatseigentum überführt? Vermögen beschlagnahmt und besteuert? Zölle einführt, um die heimische Wirtschaft zu schützen? Eine eigene Nahrungsmittel- und Bekleidungsindustrie aufbaut?

Auch wenn man – wie ich – die Schweiz und Norwegen besonders schätzt, kann man ruhig zugeben, dass man von beiden Ländern zur Lösung wesentlicher Existenzfragen armer Entwicklungsländer absolut nichts lernen kann. Das Einzige, was diese Staaten zur Entwicklungshilfe beitragen können ist Kapital und Know-how zur Bewältigung der aktuellen Herausforderungen. Aber Vorbilder für ein anderes Land?

Die Geschichte und die Kultur von Ländern und deren zusammengewürfelten Stämmen und Regionen verläuft zu unterschiedlich, als dass sich Modelle übertragen ließen. Der anfangs viel gerühmte Mikrokredit in Bangladesch erwies sich in Afrika und Indien als Quelle von Betrug, Streit und sozialem Elend. Viele Mikrokreditprojekte wurden stillschweigend eingestellt, weil man erkennen musste, dass das Prinzip Mikrokredit ein Sozialkapital erfordert, das nicht beliebig und überall vorhanden ist, sondern möglicherweise in Jahrzehnten oder – wie in Norwegen und der Schweiz – in Jahrhunderten aufgebaut werden muss. Dass der Schulbesuch und die höhere Bildung in vielen Staaten einen hohen Rang haben, liegt an den damit verbundenen Beschäftigungs- und Aufstiegsmöglichkeiten. In vielen Ländern Osteuropas, in Afrika und Südamerika bedeutet Bildung häufig nur Arbeitslosigkeit. Die Entwertung der einfachen Tätigkeiten in Landwirtschaft und Handwerk durch die Verheißung von »white-collar-jobs« hat in vielen Staaten dazu geführt, dass ganze Generationen Hochschulabschlüsse vorweisen können, obwohl deren Gesellschaft für sie keine Arbeitsplätze hat. Das überall verkündete Mantra »Bildung« zerstört die Fähigkeit von armen Staaten, ihre fähigsten Arbeitskräfte dort einzusetzen, wo sie am meisten benötigt werden: in Landwirtschaft und Handwerk. Die westlichen Länder beklagen sich dann darüber, dass die Akademiker aus Osteuropa und Afrika in die EU möchten. Auch dort werden sie nur in Ausnahmefällen hoch dotierte Akademikerpositionen erhalten. Aber niemand tut etwas dafür, dass sie in ihrem Land bleiben. Die Forderung, allen eine möglichst hohe Bildung angedeihen zu lassen, gar noch als Bedingung für Entwicklungs- und Wirtschaftshilfe, führt dazu, dass viele arme Länder eine sinnlose Scheinschulung von Kindern und Jugendlichen betreiben, weil dies gefördert wird. Sie produzieren und machen eben das, was die Geldgeber fordern. Einst forderten die Geberländer das Spritzen von DDT und den Kauf von Panzern und Erntemaschinen, nun fordern sie Gymnasien und Hochschulen. Beides nützt den Ländern nichts.

Noch weitaus gravierender sind die Auswirkungen, wenn Lernvorgaben in Sachen Menschen- und Frauenrechte gemacht werden: Da die Länder, an die diese Forderung gestellt werden, gar nicht über die ökonomischen Strukturen verfügen, in denen Gleichberechtigung oder individuelle Meinungsfreiheit zu Produktivfaktoren einer modernen Kommunikationsgesellschaft werden können, sind sie hoffnungslos überfordert.

Sie reagieren mit dem Rückzug in traditionelle Strukturen, die sie zudem – wie den islamischen Fundamentalismus – auch noch erfinden müssen. Längst haben die motiviertesten und fähigsten Menschen ihre Länder verlassen, weil sie wissen, dass durch die Forderungen an die Entwicklungsländer allenfalls korrupte Mitläuferregimes entstehen, die aus der scheinbaren Erfüllung der Länderbenchmarks Profit für ihren Clan schöpfen.

Länder, dies zeigen die Ländervergleiche in den Indizes, können durch Vergleiche nur verlieren: Zu Unrecht werden Länder dafür belohnt, dass sie alle geforderten Bedingungen an Menschenrechten, Umweltschutz, Bildung und Rechtssicherheit erfüllen, obwohl diese doch nur der Maßstab sind, den andere vorgeben. Man stelle sich vor, im Jemen, in Usbekistan oder Somalia würden alle Länder nach einem Gastfreundlichkeitsindex bewertet. Oder in Brasilien nach einem Tanz- und Lächelindex. Es könnte durchaus sein, dass dann die Schweiz und Norwegen nicht mehr unter den ersten zehn Ländern zu finden wären.

Wenn man die acht wichtigsten internationalen Indizes mit gleicher Gewichtung in einem Index zusammenführt, stößt man auf ein erstaunliches, mathematisches Resultat: Das Ranking ist fast identisch mit dem Ranking der Wirtschaftskraft. Wer genug Geld hat, kann sich auch Frieden, Menschenrechte, Gleichberechtigung, Umwelt- und Klimaschutz, Bildung und Demokratie leisten. Und so sind unter den ersten zehn Staaten der Weltrangliste neben Kanada und Australien nur die traditionellen Wohlstandsoasen Europas zu finden:

Die Weltmeister in acht Disziplinen
Rangliste der Länder nach ausgewählten Indizes

Land	Rang	MW	GPI	HPI	HDI	ESI	WGI	GWD	GCI	CPI
Schweiz	1	12,63	18	52	9	7	5	1	1	8
Schweden	2	16,75	10	54	7	4	45	6	4	4
Österreich	3	17,88	4	57	14	10	10	16	17	15
Kanada	4	17,88	14	91	4	6	3	10	9	6
Norwegen	5	18,63	5	90	1	2	25	2	14	10
Finnland	6	19,63	9	61	12	1	45	19	6	4
Niederlande	7	20,25	27	44	6	41	7	20	10	7
Australien	8	20,50	19	103	2	13	1	3	15	8
Deutschland	9	22,13	16	52	22	31	18	17	7	15
Irland	10	22,13	6	80	5	21	3	23	25	14

Quelle: Global Index Benchmarks 2011, Basel Institute of Commons and Economics

Folgende Indizes wurden für diesen Vergleich jeweils mit einer Gewichtung von 12,5 Prozent berücksichtigt (MW: Mittelwert): GPI: Global Peace Index, HPI: Happy Planet Index, HDI: Human Development Index, ESI: Environmental Sustainability Index, WGI: World Giving Index, GWD: Credit Suisse Global Wealth Databook, GCI: WÈF Global Competitiveness Index, CPI: Corruption Perception Index

Die Staaten dieser Liste können zum Teil auf eine jahrhundertelange Tradition in der Pflege von Demokratie, Bürgertum, innerem Frieden und Wohlstand zurückblicken. Länder am Ende des Rankings, etwa Burundi, Tschad und der Kongo, mit ihnen zu vergleichen, bedeutet, geschichtliche Entwicklungen und natürliche Standortbedingungen, die von den jetzt dort lebenden Menschen kaum beeinflusst werden können, als Erfolgsfaktoren der Gemeinschaft zu betrachten. Sollen sie nun die Reformation von Luther und Zwingli nachholen oder ihr Land aufforsten, bis sie einen Waldanteil von 40 Prozent haben?

So wichtig es ist, auch in weniger von Natur und Geschichte begünstigten Ländern Sozialkapital zu entdecken, zu messen und zu entwickeln – der Vergleich mit den Wohlfahrtsstaaten Europas ist dabei keine Hilfestellung.

So schneidet etwa Nepal in vielen Indizes sehr schlecht ab, wie folgende Grafik zeigt:

Nepal im Spiegel der Indizes

Index	Rang
Human Development Index	140
Global Competitiveness Index	133
Shadow Economy Index	95
Environmental Stability Index	85
Global Peace Index	82
Happy Planet Index	38
Durchschnitt	88

Quelle: Gift economy and trust in rural Nepal, Basel Institute of Commons and Economics

Im Vergleich der asiatischen Länder steht Nepal auch im jüngst veröffentlichten World Giving Index nur durchschnittlich da:

Nepals Hilfsbereitschaft im asiatischen Vergleich

	Nepal	Sri Lanka	Indien	Bangladesch
Hilfeleistung für einen Fremden (%)	36	50	30	29
Bereitschaft, Geld zu geben (%)	22	58	14	12
Bereitschaft, freiwillige Arbeit zu leisten (%)	21	52	12	5

Quelle: Gift economy and trust in rural Nepal, Basel Institute of Commons and Economics

Wenn man sich aber die Mühe macht, die Menschen in Nepal danach zu fragen, was sie anderen außerhalb der Familie ohne Gegenleistung schenken, bekommt man eine überraschende Antwort: Von 523 Befragten im Bergvolk der Chepang geben 522 an, anderen Essen und Wasser zu schenken:

Was schenken Sie anderen außerhalb der Familie ohne Erwartung einer Gegenleistung?

	Anzahl	Prozent aller Befragten
Essen und Wasser teilen	522	99,8
Gesundheitspflege, Erste Hilfe	499	95,4
Hilfe bei der Landarbeit	492	94,1
Putzen	475	90,8
Transport, Mitfahrgelegenheit	459	87,8
Religiöse Aktivitäten	404	77,2
Musik	284	54,3
Handwerkliche Hilfe	276	52,8
Kinder hüten	181	34,6
Lehren	140	26,8
Training, etwas beibringen	109	20,8
Zahl der Befragten	**523**	

Quelle: Gift economy and trust in rural Nepal,
Basel Institute of Commons and Economics

Dieses Ergebnis entwirft völlig neue Perspektiven für die Entwicklungspolitik und die Entwicklungszusammenarbeit. Wenn die wirtschaftlichen Hauptgüter der Chepang, nämlich Nahrungsmittel und Wasser, zugleich auch das größte Geschenk darstellen, dann ist Sozialkapital nicht ein Gegensatz zu materiellen Gütern, sondern kann mit diesen identisch sein. Die Vorstellung, ehrenamtliche Arbeit sei der Hauptausdruck von Sozialkapital, wird möglicherweise durch empirische Sozialkapitalforschung widerlegt. Bei den Chepang jedenfalls finden sich »Kinder hüten« und »jemandem etwas beibringen« erst am Ende der Skala der Geschenke.

Die Entwicklungshilfeorganisation OneWorld hat deshalb die Konsequenz gezogen und fördert bei den Chepang in erster Linie die biologische Landwirtschaft. Damit wird sowohl das materielle Wohl der Bergnepalesen gefördert als auch ihr Sozialkapital erhalten. Wenn sie nämlich ihre Nahrungsmittel geschenkt bekämen, könnten sie selbst ihr größtes Geschenk nicht mehr machen. Sie würden von Schenkenden zu Bittstellern und Almosenempfängern.

Bisherige Messansätze: Glücksforschung und ein gescheiterter Versuch der Weltbank

Wie bereits erwähnt, ist die Definition von Sozialkapital nicht eindeutig und umstritten. Dementsprechend unterschiedlich sind auch die Messansätze für Sozialkapital. Ein indirekter Ansatz der Bewertung von Sozialkapital ist in der Öffentlichkeit besonders bekannt, um nicht zu sagen populär: die Glücksforschung. Zufriedenheit mit dem eigenen Leben, so möchte man vermuten, könnte ein Hinweis auf intakte Sozialbeziehungen sein. Der inzwischen emeritierte Rotterdamer Soziologe Ruud Veenhoven entwickelte als Lebenswerk eine World Database of Happiness. Diese stellt die Frage »Wie glücklich sind Sie mit ihrem Leben?« in derart vielen Versionen, dass allenfalls die Ergebnisse aufhorchen lassen. Danach fühlen sich etwa die Kolumbianer und Turkmenen glücklicher als die Deutschen. Und die Tansanier und Togolesen sind weltweit am unglücklichsten mit ihrem Leben.

An der Universität Zürich wurde der Ökonom Bruno S. Frey mit seinem Life Satisfaction Approach (LSA) bekannt. Er bewertete öffentliche Güter zum Beispiel danach, ob sie die Menschen zufriedener machen. Am Beispiel des Terrorismus zeigte er, dass dieser das Wohlbefinden der Bevölkerung beeinträchtigt, weshalb die Investition in öffentliche Güter, etwa zur Verhinderung von Terrorismus, einen nicht monetären Gewinn verheißt.

Am bekanntesten aber ist das Bruttonationalglück des verwunschenen Königreiches Bhutan im Himalaja. Von dessen König Sigme Jingye Wangchuck stammt der viel zitierte Satz: »Das Bruttonationalglück ist wichtiger als das Bruttosozialprodukt.« Er soll ihn angeblich bereits 1972 formuliert haben, also weit vor dem Zeitpunkt, als das Bruttosozialprodukt 1995 als internationaler Standard etabliert wurde.

Auch der viel beachtete Happy Planet Index, nach dem Costa Rica das glücklichste Land der Erde ist, basiert auf einer Glücksumfrage der Marktforscher von Gallup.

Muss man also bekunden, glücklich zu sein, damit einem ein hohes Sozialkapital bescheinigt wird? Die Begriffe Glück und Zufriedenheit werden in den Kulturen, Religionen und Staaten derart unterschiedlich definiert, dass es fraglich ist, ob die Ergebnisse überhaupt vergleichbar sind. In Ländern wie Österreich, Deutschland und der Schweiz zum Beispiel ist es sozial nicht vorgeschrieben, auf die Frage »Wie geht es Ihnen?« mit »Danke, ausgezeichnet!« zu antworten, ja, es ist nur noch selten üblich, diese Frage zu stellen. Wenn man aber den anderen nach seinem Befinden fragt, dann auch mit dem Wissen, dass eine negative Antwort erfolgen kann und sich ein Gespräch über das Leid im Beruf, an der Welt und der Familie anschließt. Es gilt nicht als Verletzung des Fragenden, wenn man zugibt, gerade unglücklich zu sein. Auf ein angelsächsisches »How you're doing?« aber sollte man immer mit »Fine« antworten, da es eine sozial gebräuchliche Höflichkeitsfloskel, keine Frage ist. Oder, anders formuliert: Es gibt in vielen europäischen Ländern, darunter den deutschsprachigen, ein Recht auf öffentliches Unglücklich-Sein. Dieses verletzt keine soziale Norm, sondern ist akzeptierter Teil der oft pessimistisch geführten Kommunikation zwischen den Menschen. Man kommt sogar leichter in Kontakt und Gespräch, wenn man etwas zu beklagen hat. Ich habe einmal mit Ruud Veenhoven telefoniert und ihn gefragt, wie er mit dem Recht auf Unglück-Sein umgehe. Er sagte, dass sei eine absurde Frage, denn wer wolle denn schon unglücklich sein? Ich kenne nun viele Holländer und sehe es nicht als Zufall an, dass unsere Nachbarn immer wieder als glücklichste Europäer erwähnt werden: In Holland gilt das Bekennen von Unglücklich-Sein tatsächlich als gesellschaftlicher Fauxpas. Sogar in der Familie und unter Freunden. Als ich einen tansanischen IT-Fachmann kennenlernte, fragte ich ihn, warum Tansania im Glücksindex fast der unglücklichste von 148 Staaten sei. Er lächelte und sagte: »In Tansania gibt es keinen Bürgerkrieg, keine große Kriminalität und es ist grün. Die Leute sind nicht unglücklich.« Ein deutscher Entwicklungshelfer von der Deutsch-Tansanischen Partnerschaft schreibt: »Glücklicher als Deutsche sind Tansanier ganz sicher nicht. Doch auch nicht unglücklicher. Sie nehmen die Dinge einfach mehr hin. Entsteht ein Loch in der Wand des Hauses, akzeptiert man es, anstatt es (wie die meisten Deutschen) zu reparieren.«

Wären also auch wir möglicherweise glücklicher, wenn wir nicht ständig nach Perfektionierung unserer Lebensumstände drängen würden? Und wie können wir herausfinden, wie viel Hilfsbereitschaft wir eigentlich haben, wenn nicht alle Notfälle von gut finanzierten Notdiensten versorgt würden? Die Bekundung von individuellem Glück zugleich auch als Ausdruck von hohem Sozialkapital zu sehen, setzt voraus, dass man annimmt, glückliche Menschen würden auch eher teilen. Nur wenn dies der Fall wäre, profitierte auch die Gemeinschaft von ihren erfolgreichen Glücksrittern. Warum aber liegen dann Brasilien und die USA im Glücksindex ganz vorne? Dort unterstützen die Menschen den Staat und die von ihm verteilten öffentlichen Güter nur wenig. Millionen leben völlig ohne Gesundheitsvorsorge, Bildung und Sicherheit. Ist es da ein Trost, dass sie bekennen, trotzdem glücklicher zu sein als viele Europäer, die in Frieden, Sicherheit und Wohlstand leben?

Im Jahre 2000 arbeitete in der Weltbank eine ganze Arbeitsgruppe zum Thema Sozialkapital. Sie entwickelte Messmethoden, die in Entwicklungsländern eingesetzt werden sollten. Das Ziel: Sozialkapital zu einem Erfolgsfaktor der Entwicklungspolitik zu machen. Ein sogenanntes Social Capital Assessment Tool (SOCAT) sollte es Entwicklungshelfern ermöglichen, das Sozialkapital zu erheben und die Ergebnisse für ihre Arbeit zu nützen. Der Fragebogen wurde nur zwei Mal eingesetzt: in Albanien und Nigeria. Die Ergebnisse fanden nie den Weg in die Öffentlichkeit. Der 24-seitige Fragebogen war derart umfangreich, dass im Abschlussbericht die Interviewer schließlich entnervt feststellten: »Die ländlichen Bedingungen und der sehr niedrige Bildungsrad der Bewohner führte zu der Frage, ob der Fragebogen künftig vereinfacht werden könnte.«

Die Weltbank-Soziologen hatten in ihrem Fragebogen nicht nur nach sämtlichen Geräten und Gegenständen, etwa nach Telefon, Radio und TV-Gerät im Haushalt gefragt, sondern auch nach Zeitbudgets für unterschiedliche Tätigkeiten. Beispiel für eine Frage:

»Wenn Sie ein Schwein oder eine Gans verlieren würden, würde Ihnen dann jemand helfen, das Tier zu suchen oder zurückzubringen?«. Oder: »Würden Sie der Aussage zustimmen, dass die Menschen hier in erster Linie nach dem Wohlergehen der eigenen Familie und nicht dem des Dorfes schauen?«

Dieses Beispiel zeigt, dass die Messung von Sozialkapital völlig scheitert, wenn sie nicht auf einer sehr beschränkten Definition von Sozialkapital aufbaut, durch die man mit wenigen Fragen Ergebnisse erhält. Auch in Nigeria scheiterte diese bürokratische Art der Sozialkapitalmessung. Weitere Länder waren nicht bereit, den ungeheuren Aufwand für die Befragung zu tragen. Die Arbeitsgruppe stellte daraufhin ihre Arbeit ein und ist heute ein erloschener Komet im Internet. Ein renommierter bürokratischer Apparat hat in einer anfänglichen Euphorie mit seinen Mitteln dafür gesorgt, dass ein zentraler Indikator zur Bewertung von Staaten, Gemeinschaften und Gruppen nicht erhoben werden kann, weil er zu weit definiert wurde – und ist gescheitert.

Neue Ansätze werden genau diesen Mangel beheben müssen, wenn Sozialkapital überhaupt zu einem Gegenstand von Messung werden soll.

Neuere Messansätze: Gemeinwohl-Bilanz und der deutsche Sozialklimaindex

Da die Definition von Sozialkapital nicht feststeht, sondern selbst in verschiedenen Gemeinschaften unterschiedlich interpretiert wird, wäre es unfair, Messansätze nur dort zu suchen, wo Sozialkapital ausdrücklich erwähnt wird. In Österreich und Südtirol hat sich, begründet durch den Aktivisten Christian Felber, eine Initiative für Gemeinwohl-Ökonomie gebildet, der bereits über 400 Unternehmen beigetreten sind. Die Initiative bietet Unternehmen eine sogenannte Gemeinwohl-Bilanz, eine Art Audit in Sachen Gemeingütern an. In 18 verschiedenen Kriterien müssen Unternehmen etwa nachweisen, dass sie unter ökologischen Gesichtspunkten einkaufen und die Einkommen ihrer Mitarbeiter weder unter 1.250 noch über 25.000 Euro monatlich liegen. Mit dem Slogan »Gleichheit ist Glück«, der aus dem gleichnamigen Buch der Autoren Richard Wilkinson und Kate Pickett entnommen wurde, ist ein Element von Sozialkapital Bestandteil der Bilanz. Auch die Solidarität unter den Mitarbeitern und zu Kunden, ja selbst zu Konkurrenten wird erfasst. Im Wesentlichen fordert die Bilanz die Einhaltung ethischer Standards in allen Geschäftsprozessen und wird am Ende von einem Auditor bestätigt. Folgt man diesem Bewertungsansatz, dann besteht hohes Sozialkapital im Unternehmen in der Erfüllung von hohen, vorgegebenen und messbaren Normen und Standards. Wie bisher die ISO-Norm 9001 ist dann künftig auch das gedruckte Gemeinwohl-Ökonomie-Zertifikat ein Verkaufsargument gegenüber nicht zertifizierten Konkurrenten.

Der österreichische Sozialkapitalforscher Ernst Gehmacher hat im Auftrag der OECD etwa 600 Bewohner der Gemeinde Auberg im oberösterreichischen Mühlviertel befragt. Da Gehmacher wie die Sozialkapitaltheoretiker Bourdieu und Putnam davon ausgeht, dass

Sozialkapital in erster Linie Beziehungskapital ist, fragte er die Bewohner danach, wie sie ihre Zeit verbringen: »Es gibt für jeden Menschen wichtige Lebensbereiche, in denen man viel Zeit verbringt und mit anderen Menschen zu tun hat – hier in der Gemeinde oder weiter weg. Bitte geben Sie bei den folgenden Bereichen an, wo Sie im Durchschnitt viel Zeit über das ganze Jahr verbringen.«

Weitere Fragen betrafen das Vertrauen in verschiedene Institutionen und Gemeinschaften. Außergewöhnlich für die eher anwendungsorientierte empirische Sozialforschung ist die Frage 5: »Wie sehr hatte Ihr Leben bis jetzt klare Ziele oder einen Zweck?« Nur vier Prozent der Befragten wagten es, die Frage mit »eher weniger« und »kaum« zu beantworten. Für Gehmacher sind auch Familien Träger von Sozialkapital, sodass letztlich ein Beziehungspanorama mit den Stufen Mikro (Familie) Meso (Verein, Gemeinde) und Makro (Politik, Gesellschaft) entsteht. Sozialkapital findet sich dann in allen drei Bereichen und kann empirisch als Zufriedenheit mit der jeweiligen Gemeinschaft gemessen werden. Dass sich Gehmachers Messmethode in Österreich dennoch kaum verbreiten konnte, liegt wohl daran, dass die Umfrage sehr aufwendig ist, da er etwa Daten zu Alter, Religion, Pendlerstatus und Bildungsgrad der Befragten erhebt.

Im Gegensatz zu Christian Felber sieht Gehmacher positives Sozialkapital nicht als Ergebnis eines ethischen Bewertungsverfahrens, sondern schreibt durchaus frech: »Man kann nicht von einer eigenen Ethik des Sozialkapitals sprechen, denn, um es extrem zu formulieren: Auch eine Räuberbande hat Sozialkapital.« Zumindest indirekt hat Sozialkapital längst auch die Mainstream-Ökonomie erfasst. Dort soll mit Corporate Social Responsibility (CSR) der Beitrag des Unternehmens zur Gemeinschaft möglichst öffentlichkeitswirksam dargestellt werden. In der Regel besteht er in der Unterstützung von Organisationen im Umweltbereich oder zur Armutsbekämpfung. Es gibt keine Sparkasse oder Raiffeisenbank, die nicht lokale Vereine oder Initiativen unterstützt, sodass die Aussage erlaubt ist: Die meisten Unternehmen unterstützen direkt oder indirekt das lokale Sozialkapital. Und wenn – wie etwa in Deutschland, Österreich, Frankreich, Skandinavien und der Schweiz – der Staat selbst der Hauptsponsor von Sozialkapital ist, dann werden alle entrichteten Steuern automatisch zu Sozialkapitalspenden. Überspitzt formuliert: Es könnte dann ausreichen, nachzuweisen, genug Steuern zu entrichten – und schon wäre die Sozialkapitalbilanz des Einzelnen wie des Unternehmens positiv. Ähnlich ist das Ergebnis auch bei Gehmacher: Da insbesondere im ländlichen Raum Freiwillige Feuerwehr, Blaskapelle, Gesangs- und Sportverein, Kirchengemeinden, inzwischen auch Naturschutzinitiativen und Mutter-Kind-Gruppen traditionell weitverbreitet sind, wird bereits die Tatsache der Mitgliedschaft Basis für eine erfolgreiche Sozialkapitalbilanz. Das ist auch gut so, führt aber zu der Frage, welchen Beitrag die Menschen zum lokalen Sozialkapital leisten, die nicht organisiert sind. Für Gehmacher sind in erster Linie messbare Funktionen in der Zivilgesellschaft, so auch die Wahlbeteiligung und das Vertrauen in politische Institutionen, Ausdruck von Sozialkapital. Die OECD hat inzwischen mit dem Better Life Index (BLI) die Zufriedenheit der Menschen in verschiedenen Lebensbereichen, etwa im Bereich Wohnen, Sicherheit und eben auch in der Gemeinschaft (Community) erfasst und damit die Frage der Messung von Sozialkapital aus ihrer Sicht bearbeitet. Im Punkt Gemeinschaft sollen dort die Menschen auf einer Skala von eins bis acht bewerten, ob ihnen von einem unterstützenden Netzwerk geholfen wird. Am einsamen Ende der Skala liegt dort allein die Türkei – für jeden eine Überraschung, der einmal die Hilfsbereitschaft der Türken kennengelernt hat.

Die Beispiele für Sozialkapitalmessung zeigen, dass man zwar Sozialkapital offensichtlich erfolgreich positiv vorfinden und bilanzieren kann – aber wie hilft man Gemeinschaften, die über wenig oder kein Sozialkapital verfügen? Eine Sozialkapitalbefragung befördert übrigens in jedem Fall das Sozialkapital, denn bereits die freiwillige Teilnahme an der Befragung ist Ausdruck eines gewissen Vertrauens, von Solidarität und Hilfsbereitschaft. Das derart gemessene Sozialkapital ist dann in einem durchaus positiven Sinne eine self-fulfilling prophecy. Und auch die Auditoren der Gemeinwohl-Bilanz gehen bisher nur in Unternehmen, die mit einer positiven Zertifizierung rechnen können.

Der Rückschluss von eigenem Wohlbefinden, von Zufriedenheit und Glück auf das vorhandene Sozialkapital ist der einfachste Weg, Sozialkapital zu bewerten. Allerdings stimmt mit dieser Philosophie jeder Wähler für das System, jeder Käufer für die anbietende Firma. Die Reduzierung von Sozialkapital auf ihren Effekt – nämlich individuelle Zufriedenheit – mag in einer lokalen Umfrage ausreichend sein, weil wie erwähnt Sozialkapitalerhebung immer auch selbst das Sozialkapital fördert. Wenn aber das Sozialkapital unterschiedlicher Gemeinschaften verglichen werden soll, dann reicht die Zufriedenheit als Indikator nicht mehr aus. Und warum fragt man eigentlich bei der Erhebung von Sozialkapital zuerst nach der eigenen Befindlichkeit? Man könnte ja auch fragen, wie der Einzelne die Stimmung in seiner Umgebung einschätzt. Dann würde er nicht gezwungen, seine eigene Zufriedenheit oder Unzufriedenheit, sein urpersönliches, schwankendes Glücks- und Unglücksgefühl zu bekunden, sondern könnte sich in die Rolle eines Sozialforschers begeben. Ein Weg dafür ist eine Art »Trivial Pursuit« des Sozialkapitals, ein Fragebogen, mit dem man in Gemeinschaften nach Art und Umfang der Geschenke, nach Sozialklima, Vertrauen, Freundlichkeit, Gastfreundschaft und Hilfsbereitschaft fragt. Er wurde in Zusammenarbeit mit dem Statistischen Amt Basel entwickelt, und hieß ursprünglich »Vertrauens- und Geschenkmonitor«. Leider wurde er von der Stadt Basel letzten Endes nicht durchgeführt. Die Fragen lauteten wie folgt:

Vertrauens- und Geschenkmonitor, Basel-Stadt

Angaben zur Person

PLZ:
Geschlecht:
Alter:

> **01** Was **geben** Sie Menschen außerhalb Ihrer Familie (Großeltern, Eltern, Kinder, Enkel, Geschwister ausgeschlossen) ohne Erwartung einer Gegenleistung?

02 Was **bekommen** Sie von Menschen außerhalb Ihrer Familie ohne Erwartung einer Gegenleistung?

03 Wie bewerten Sie das soziale Klima an Ihrem Wohnort?
Mit Wohnort ist in der Regel Ihre PLZ gemeint. Sie können aber auch für weitere Orte Bewertungen abgeben, wenn Sie zum Beispiel in der Woche in der Stadt und am Wochenende auf dem Land sind oder sonst wie pendeln.
(1 ausgezeichnet bis 10 unbefriedigend)

1	2	3	4	5	6	7	8	9	10

04 Wie hat sich das soziale Klima an Ihrem Wohnort in letzter Zeit entwickelt?
Wohnort siehe Erläuterung zur vorigen Frage.
(1 ausgezeichnet bis 10 unbefriedigend)

1	2	3	4	5	6	7	8	9	10

05 Wie hat sich die Gastfreundschaft in letzter Zeit entwickelt?
(1 ist kleiner geworden – 10 ist größer geworden)

1	2	3	4	5	6	7	8	9	10

06 Wie hat sich das Vertrauen unter den Menschen in letzter Zeit entwickelt?
(1 ist kleiner geworden – 10 ist größer geworden)

1	2	3	4	5	6	7	8	9	10

07 Wie hat sich die Hilfsbereitschaft unter den Menschen in letzter Zeit entwickelt?
(1 hat abgenommen – 10 hat zugenommen)

1	2	3	4	5	6	7	8	9	10

Man kann diese Fragen übrigens auch im Internet beantworten und damit unter *www.commons.de* am Deutschen und unter *www. commons.ch/sozialklimaindex* am Schweizer Sozialklimaindex teilnehmen.

Man kann sich vorstellen, dass die Auswahl und der Inhalt der Fragen von Anfang an sehr kontrovers diskutiert wurden. Als erste Frage eine sogenannte qualitative Frage, also eine, bei der die Befragten eigene Begriffe aussuchen können, zu stellen, bringt einen großen Auswertungs- und Interpretationsaufwand mit sich. Die Frage zeigt aber auch, dass es hier nicht um Zustimmung oder Ablehnung von vorformulierten Meinungen geht, sondern dass erstmals der Einzelne als Schöpfer seiner Geschenkphilosophie ernst genommen wird.

Wie aber kommt man von der Messung des Sozialklimas zur Bewertung des Sozialkapitals? In der Bewertungsskala wird ja nicht gefragt, wie und ob man selbst Vertrauen besitzt, Hilfsbereitschaft praktiziert, freundlich oder gastfreundlich ist, sondern man bewertet den Zustand der Gemeinschaft. Das heißt: Sozialkapital wird – anders als in der Glücksforschung – nicht als Summe der persönlich-individuellen Befindlichkeiten interpretiert, sondern bereits als Blick des Einzelnen auf die Gemeinschaft. Die Gemeinschaft braucht nämlich weniger die ständige Zufriedenheitskontrolle ihrer Mitglieder, sondern nur eine Art Barometer, wie viele ihrer Mitglieder unabhängig voneinander die Entwicklung der Gemeinschaft beurteilen. Mit dieser Methode wird jedes Mitglied der Gemeinschaft selbst als Sozialforscher betrachtet, nicht nur als das Objekt von Forschung, die dann am Schreibtisch interpretiert. So hat die Bertelsmann Stiftung in ihrem Deutschen Lernatlas auch einen aus 19 Indikatoren bestimmten »Human- und Sozialkapitalfaktor« bestimmt. Er wurde aber ausschließlich am Schreibtisch aus statistischen Daten unter anderem über Vereinsmitgliedschaft (Rotes Kreuz, Freiwillige Feuerwehr), Wahlbeteiligung und Museumsnutzung ermittelt. Und wenn die Forscher je Menschen befragen würden, täten sie es nur mit einem repräsentativen Panel. Sozialkapital, wenn es Ausdruck des eigenen Anteils an der Gemeinschaft ist, kann aber nicht an Stellvertreter delegiert werden.

Wenn man Menschen solche Fragen stellt, kommt man ins Gespräch. Was ist eigentlich unter »geben« zu verstehen? Auch Geld? Und was ist eigentlich mit »Vertrauen« gemeint? Es gibt keine allgemeingültige Definition von Vertrauen. Vertrauen könnte zum Beispiel als eine Art Kredit verstanden werden, den man fremden Menschen einräumt. Das nennen wir dann *Vertrauensvorschub*. Vertrauen könnte aber auch als unwägbares Risiko, ja als Hasardeurspiel interpretiert werden. Es geht aber bei diesem Fragebogen gar nicht nur um die Ergebnisse, sondern bereits die Tatsache, den Fragebogen zu besprechen, macht einen zum Sozialkapitalisten. Schließlich bringt man Werte zur Sprache, die für das Zusammenleben in der Gemeinschaft eine große Bedeutung haben, denn selbst Reichtum kann kaum genossen werden, wenn man ihn hinter hohen Mauern, mit Wächtern und Alarmanlagen verteidigen muss. Die fünf in diesem Buch (siehe hierzu den Abschnitt »Was Sozialkapitalisten unbedingt brauchen« in Kapitel V, S. 172 ff) erwähnten Formen des Sozialkapitals – sicher kann jeder auf Anhieb fünf weitere nennen – werden von jedem Einzelnen und zu jedem Zeitpunkt anders eingeschätzt.

Gemeinschaftserlebnisse sind in der heutigen, stark individualisierten Gesellschaft nicht nur seltener geworden, sondern die Gemeinschaft benötigt sie auch weniger zu ihrem Funktionieren. Man könnte sagen: Das Sozialkapital, das einmal im gemeinsamen Beten, Bauen und Ernten zusammengehalten wurde, hat andere Formen angenommen. Man trifft sich im Internet, im Café und beim Abholen im Kindergarten. Das Sozialkapital der größtmöglichen Gemeinschaft – des Staates – ist zumindest in einigen europäischen Staaten so hoch, dass er scheinbar auf alle Gemeinschaftsrituale, ja selbst auf Wahlen und Umfragen verzichten könnte, ohne seine Funktion zu mindern. Dieser historisch nie gekannte Zustand, der von Sozialforschern seit einigen Jahrzehnten als Postmoderne bezeichnet wird, entwirft neue Perspektiven für die Entwicklung von Sozialkapital.

Wenn nun im Folgenden auch Beispiele für brachliegendes Sozialkapital aufgeführt werden, dann heißt das nur, dass die Frage nach Gemeingütern und Sozialkapital nicht mit einem Verweis auf die Satzung und die Sonntagsreden beantwortet werden kann. Erst der Blick auf brachliegendes Sozialkapital ermöglicht es, neue Anläufe für Entwicklungshilfe, Armutsbekämpfung und Entschuldung zu entwickeln, die nicht nur auf einer Umverteilung von Finanzmitteln beruhen, sondern auf einer Aktivierung des Sozialkapitals der einzelnen Bürger.

IV

Ungenutzte Potenziale – Beispiele für brachliegendes Sozialkapital

Deutschland ist reicher, als es denkt

Kann Sozialkapital auch in Geld gemessen werden? Vielleicht, und zwar dann, wenn fehlendes Sozialkapital, etwa fehlendes Vertrauen und Hilfsbereitschaft, Kosten verursacht. Im Folgenden werden wir einige Beispiele für diese Potenziale näher beleuchten.

Es gibt heute schlichtweg keinen Weg mehr – weder für Arme, noch für Reiche – kein Almosenempfänger des Staates zu sein. Ob das nach wie vor völlig ohne Einkommensgrenze ausgezahlte Kindergeld in Höhe von inzwischen bis zu 55.800 Euro pro Kind (insofern es bis zum vollendeten 25. Lebensjahr gewährt wird) die Anzahlung für die Eigentumswohnung des Sprösslings in der Universitätsstadt ermöglicht, ob man subventionierte Verkehrsmittel und Straßen benutzt, ob man die Miete vom Jobcenter oder die Taxifahrt von der gesetzlichen Krankenkasse erstattet bekommt – stets ist man Empfänger staatlicher Leistungen.

Alle staatlichen Leistungen werden aber nicht aus Mildtätigkeit oder sozialer Überzeugung, wegen erwiesener Bedürftigkeit oder dringlicher Notwendigkeit ausbezahlt, sondern nur aus einem Grund: weil ihre Auszahlung gesetzlich bestimmt ist. Die Empfänger haben ein einklagbares Recht auf staatliche Leistungen, etwa auf kostenlose Gymnasien für die Kinder von Zahnärzten und Bankdirektoren. Die Auszahlenden, unzählige Ämter in Gemeinden, Ländern und Bund, haben eine gesetzliche Pflicht, zu bezahlen. Am untersten Ende der Zahlungspflicht, bei der Sozialhilfe, haben inzwischen fast die Hälfte der Einsprüche gegen staatliche Zahlungskürzungen Erfolg vor den Sozialgerichten.

Wir Deutschen dürfen daher ohne Übertreibung feststellen: Im Rechtsanspruch auf staatliche Geldleistungen und Vergünstigungen herrscht eine vollständige Einigkeit, die alle sozialen und ideologischen Schranken überwindet.

Die Deutschen nehmen in ihrer großen Mehrheit gegenüber dem Staat die Haltung eines die maximale Leistung einfordernden Kunden ein. Sie zögern keine Sekunde, die zahlreichen Fehler in der Gesetzgebung optimal auszunützen und verzichten nicht auf den geringsten Vorteil, wenn dieser aus einem Anspruch resultiert.

Doch halt, ist das eine genetische oder natürliche Eigenschaft, wie Adam Smith, der englische Gründervater der Wirtschaftswissenschaften mit seiner These vom produktiven Eigennutz behauptete? Oder ist es nur eine in vielen Jahren eingeübte Haltung von Unmündigkeit und Bequemlichkeit? Sind wir Deutschen etwa ein Couch-Potato, dem man einfach nur Fernseher, Heizung und Kühlschrank entziehen muss, um ihn runter vom Sofa zur Aktion zu bringen?

Fest steht, dass der durch Gesetze gebundene Staat das optimale Opfer für Eigennutz jeder Couleur ist, denn der Staat verhandelt ja nicht darüber, was er bezahlt, sondern er muss bezahlen, was im Gesetz steht. Er ist somit trotz seiner Macht und seines Reichtums in der Position eines von Zwangsvollstreckung bedrohten Schuldners.

Ganzen Berufsgruppen wie Ärzten, Rechtsanwälten, Landwirten, Steuerberatern und Ingenieuren ist es gelungen, ihre Honorare weitgehend durch staatliche Gesetze festlegen zu lassen.

Immer weniger Bürger und Unternehmen sind dem »Markt« ausgesetzt, müssen also ihren Lohn und ihr Honorar täglich, stündlich oder minütlich neu verhandeln und ständig fürchten, kein Honorar mehr zu bekommen, weil der Staat ihre Honorare nicht festlegt und schützt. In Friseursalons, Gaststätten und Werbeagenturen, in kleinen Geschäften, bei kleinen Handwerkern und Künstlern besteht noch ein Rest von Konkurrenz und Markt.

Die Legende vom natürlichen Eigennutz hat zu den kuriosesten Formen sogenannter »Anreize« geführt, die angeblich ein vernünftigeres oder zumindest weniger gemeinschaftsschädliches Verhalten bewirken sollen. So wollte man jahrzehntelang mit Steueranreizen den Bau von Mietwohnungen, Containerschiffen und das Drehen von deutschen Spielfilmen fördern. Studenten soll ein Teil des Studienkredites erlassen werden, wenn sie einen hervorragenden

Abschluss haben. Die Höchstrente wird nur bezahlt, wenn man mindestens 40 Beitragsjahre verbuchen konnte – völlig unmöglich in einer Zeit, wo viele jungen Menschen ihren ersten versicherungspflichtigen Job im zarten Alter von 30 Jahren finden. Die Krankenkasse beteiligt sich nur noch an Füllungen und Zahnersatz, wenn man in den Vorjahren ein lückenloses Zahnpflegeheft vorweisen kann. Allein durch die Einführung dieser Regel halbierten sich die Erstattungsansprüche der Versicherten. Der Hartz-IV-Satz, so verkünden Politiker seit Jahrzehnten, solle so niedrig sein, damit ein Anreiz zur Arbeitsaufnahme besteht. Banken sollen durch Staatsgarantien und Minizinsen von 1,25 Prozent angeblich angeregt werden, Kredite an den Mittelstand zu geben, damit dieser Innovationen hervorbringt und dadurch Arbeitsplätze schafft. Arbeitgeber sollen durch Leiharbeit, Zeitverträge und Billiglöhne dazu ermuntert werden, feste Dauerarbeitsplätze einzurichten. Ein Elterngeld hofft, junge Paare zur Kinderzeugung zu bewegen.

Die Einführung der Riester-Rente mit einem Minizuschuss vom Staat soll Menschen mit kleinem Einkommen dazu ermutigen, eine eigene, zweite Säule der Alterssicherung aufzubauen.

Nichts in diesem Kuriositätenkabinett der Anreize hat funktioniert – außer die damit verbundenen Einschränkungen von Leistungen. Dass der Abbau diverser Vergünstigungen für breite Bevölkerungsschichten dennoch in keiner Weise zu einem Rückgang der Staatsausgaben führt, hat einen ganz einfachen Grund: Der deutsche Staat bezahlt seine Unterstützungen an als systemrelevant betrachtete Banken, Staaten und internationale Organisationen. Allein im sogenannten Finanzmarktstabilisierungsgesetz von 2008 wurden Garantien in Höhe von bis zu 480 Milliarden Euro gegeben. Mit der Beteiligung an der Europäischen Zentralbank und am Euro-Stabilisierungsfonds EFSF riskiert der deutsche Staat nun Bürgschaften in Billionenhöhe für Banken und andere Staaten.

Die deutschen Bürger dagegen sollen nur noch die Zinsen dafür bezahlen und selbst mit immer weitergehenden Leistungseinschränkungen zu Selbsthilfe und Solidarität gezwungen werden. Verkürzt: An die Stelle zahlreicher Bundesbürger, die dem Staatshaushalt bereits viel abverlangten, ist nun als Almosenempfänger die internationale Finanzwirtschaft getreten. Ihre äußerst erfolgreiche Drohung: Sie geben den ausgeplünderten Staatskassen kein neues Geld mehr.

Aber ist die Situation wirklich so hoffnungslos? Keineswegs. Wenn wir uns den deutschen Staatshaushalt ansehen, stellen wir nämlich fest, dass die Zinsen nur mit etwa zwölf Prozent zu Buche schlagen. Was aber geschieht mit dem anderen Geld? Wofür gibt unser Staat eigentlich seine Mittel aus?

Die Antwort fällt sehr gewöhnungsbedürftig aus: Ein großer Teil des Bundeshaushaltes wird nur deshalb ausgegeben, weil durch Misstrauen und Habgier Grundfunktionen der deutschen Gemeinschaft stillgelegt sind. Der Staat übernimmt nämlich Aufgaben, die er nur deshalb übernehmen muss, weil offensichtlich die Gemeinschaft selbst nicht dazu in der Lage ist. Beispiele?

Verteidigung

Eine Gemeinschaft, die mit allen Nachbarländern seit Jahrzehnten im Frieden lebt, braucht auch keine Waffen und Armeen zur Verteidigung. Sie sichert ihren Frieden mit den Mitteln der Diplomatie, so wie es etwa Schweden und die Schweiz erfolgreich selbst im Zweiten Weltkrieg vermochten. Der Verteidigungshaushalt ist Ausdruck des völlig ungerechtfertigten Misstrauens in die Stabilität der Beziehungen zu den Nachbarländern Deutschlands.

Soziales

Der im Posten »Arbeit und Soziales« versteckte Zuschuss zur gesetzlichen Rentenversicherung ist der größte Einzelposten im deutschen Bundeshaushalt. Aber warum ist er überhaupt nötig? Neben der oft erwähnten Tatsache, dass die Rentner aus der ehemaligen DDR keine Beiträge eingezahlt haben, ist er größtenteils erforderlich, weil in der gesetzlichen Rentenversicherung weder Beamte noch Selbstständige noch Großverdiener ihrem Einkommen gemäß einzahlen. Für mitlesende Fachleute: Die Einbeziehung der Beamten in die gesetzliche Rentenversicherung bringt nur in Verbindung mit Pensionskürzungen eine Einsparung von etwas über 50 Prozent der Zuschüsse, da ja dann auch ein Arbeitgeberanteil entrichtet werden muss. In der Schweizer AHV dagegen muss bereits jetzt jeder ohne Beitragsbemessungsgrenze einzahlen und erwirbt damit nur den Anspruch auf eine für Schweizer Verhältnisse Minirente von 1.200 bis 2.000 Franken. Eine Pflicht-Rentenversicherung für alle würde sofort bewirken, dass der Staat die Rentenversicherung nicht mehr oder nur noch viel niedriger bezuschussen müsste. Die Maßlosigkeit vieler Gutverdiener, nicht in die gemeinschaftliche Rentenkasse einzahlen zu wollen, mit der sinnigen Begründung, sie würden »privat« vorsorgen, hat dazu geführt, dass die Rentenkasse defizitär ist. Eine äußerst kostspielige und leider nicht »private« Vorsorge, denn der Staat muss ja auch für die aufkommen, die nicht privat vorsorgen können. Dies geht aber nur mit einer solidarischen Umlage.

Dass der Staat auch viele weitere Aufgaben erbringt, etwa in Bildung und Forschung, in Sicherheit und der Überwachung von Gesetzen, in Kultur und Diplomatie, ändert nichts an der Tatsache, dass sich die Gemeinschaft in einigen Feldern so organisieren kann, dass sie viel weniger Gemeinschaftsmittel benötigt.

Dafür aber muss sie ihren immateriellen Gemeinschaftsreichtum aktivieren. Also: Selbsthilfe statt Almosen, Wohlstandseinschränkung statt Schuldenwachstum.

Exportsubventionen
Der Nettobeitrag zur EU in Höhe von 9,2 Milliarden Euro wird gerne damit gerechtfertigt, dass ja die EU-Staaten deutsche Produkte kaufen. Allerdings erwerben griechische Hoteliers deutsche Nobelkarossen nicht, weil diese durch Subventionen verbilligt werden, sondern weil sie ein unverzichtbares Statussymbol sind. Die EU-Mittel gehen in erster Linie in die Bürokratien der Staaten und dann in die Landwirtschaft. Auch die Exportbürgschaften der Hermes-Versicherung und die Finanzierungen der Kreditanstalt für Wiederaufbau sind reine Exportsubventionen. Diese mitten im Aufschwung beizubehalten, ist eine nicht zu rechtfertigende Verschwendung von Gemeinschaftsmitteln.

Und so sieht der verborgene Reichtum Deutschlands im Bundeshaushalt aus:

Zwei Drittel Einsparungspotenzial? Ein Blick auf den Bundeshaushalt 2010 und seine größten Verlustposten

Posten im Bundeshaushalt	jetzt	nach Reform
Verteidigung	31 Milliarden	0
Zuschuss zur gesetzlichen Rentenversicherung; 45 Mrd. zur Sicherung der Beitragsfreiheit von Beamten und Selbstständigen sowie zur Beibehaltung der Bemessungsgrenze	80 Milliarden	35 Milliarden
Exportsubventionen inklusive EU-Nettozahlungen	20 Milliarden	0
Verluste durch fehlende Steuereinnahmen (30 Mrd. durch fehlende Finanzbeamte, 86 Mrd. durch Tätigkeit der rund 86.000 Steuerberater; vgl. Kapitel »Vertrauen im Wert von einer Billion«)	116 Milliarden	0
Summe	247 Milliarden	35 Milliarden
Zum Vergleich: Gesamtetat Bund 2010	325 Milliarden	

Ist das Glas nun halb voll oder halb leer? Viele Ausgaben im Bundeshaushalt sind sinnvoll und können auch nicht gestrichen oder durch ehrenamtliche Leistung ersetzt werden. Aber Subventionen für Exporte und die Beitragsfreiheit gut verdienender Bürger sind keine Werte, für die eine Schuldenaufnahme gerechtfertigt werden kann.

Eine Änderung der Steuer- und Abgabepolitik könnte leicht vieles beeinflussen: Die Steuern werden gerechter erhoben und eingetrieben, insbesondere bei Vermögenden, die bisher mithilfe von Steuerberatern wenig Steuern zahlen und den Staat derart um dringend benötigte Einnahmen bringen. Unter dem Strich kann das geschehen, was in der Schweiz schon lange Realität ist, nämlich die völlige Steuer- und Abgabenfreiheit für Menschen mit niedrigem Einkommen. Der Staat konzentriert sich auf seine wesentlichen Aufgaben in Recht, Sicherheit, Kultur, Bildung und Gesundheit. Dazu zählt auch eine Existenzsicherung für Menschen, die aus den unterschiedlichsten Gründen nicht profitabel am Wirtschaftsleben teilnehmen können. Deutschland ist bereits jetzt reicher als es denkt – es muss seinen Reichtum nur aktivieren und nützen. Dann werden die Bürger wieder Vertrauen haben und gerne ihre Steuern bezahlen.

Vertrauen im Wert von einer Billion

Mir ist bisher ein einziges Mal ein Fahrrad gestohlen worden: Als es in einem abgeschlossenen Keller einer Eigentumswohnanlage stand. Auch mein Auto und mein Haus schließe ich grundsätzlich nicht ab. Nicht nur ältere Mitbürger schütteln über mein Verhalten den Kopf. Dabei verhalte ich mich statistisch korrekt. Seit 1990 hat die Zahl der Autodiebstähle in Deutschland von 100.000 pro Jahr auf 20.000 abgenommen. In der 276.000 Einwohner zählenden Industriestadt Augsburg mit einem Ausländeranteil von 16,7 Prozent konnten 2010 exakt 97 Wohnungseinbrüche vermeldet werden. Selbst in der Millionenstadt München, Zentrum einer Metropolenregion mit 2,6 Millionen Einwohnern, wurden 2010 gerade 1.160 Wohnungseinbrüche gezählt.

Große Verluste dagegen habe ich mit zehnseitigen, von Anwälten und Beratern überprüften Verträgen gemacht, die schließlich vor Gericht landeten.

Unser Rechtssystem beruht ausschließlich auf Misstrauen. Obwohl im Bürgerlichen Gesetzbuch steht, dass auch mündliche Vereinbarungen rechtsgültig sind, sieht dies kein Gericht und kein Insolvenzverwalter so. An jeder Ecke werden schriftliche Bestätigungen mit Unterschrift verlangt. Wer vorhat, dem anderen für ihn nachteilige Bedingungen anzudrehen, tut dies inzwischen nur noch in einem möglichst kleingedruckten Anhang, der als Allgemeine Geschäftsbedingungen mit Unterschrift anerkannt wird. Da steht dann all das drin, was der Unterzeichnende sicher nicht gerne unterschreiben würde: Kündigung erst nach 24 Monaten, keine Gewährleistung, keine Renditegarantie, kein weiteres Nutzungsrecht und vieles mehr.

Es gibt eine riesige Misstrauensindustrie, die aus Versicherungen, Anwälten, Wirtschaftsprüfern, Notaren und Beratern besteht. Sie verursacht Milliarden an sogenannten Transaktionskosten, Kosten also, die allein dadurch entstehen, dass zwischen Bürgern, Wirtschaft und Staat aufwendige geschäftliche Vereinbarungen getroffen werden. Als Opportunitätskosten bezeichnet man Kosten, die durch erfolgte oder unterlassene Handlungen ausgelöst werden, aber nicht in diesen eingepreist sind, also an anderer Stelle und anderen Menschen entstehen. Ein Beispiel: Wenn wegen schlechter Verkehrsverbindungen Tausende mit dem Auto zur Arbeit fahren müssen, sind deren Kosten Opportunitätskosten für die Sparmaßnahmen im öffentlichen Nahverkehr. Zusammen mit den Mindereinnahmen der öffentlichen Verkehrsmittel durch den Individualverkehr können diese Kosten leicht die Höhe des Jahresumsatzes eines Verkehrsbetriebes erreichen. Opportunitätskosten werden aber auch als entgangene Einnahmen oder Gewinne bezeichnet: Wenn ich zwei Stunden mit meinem Auto zu einem entfernten Supermarkt fahre, um dort bei einem Sonderangebot zehn Euro zu sparen, werden die Kosten für die Fahrt und meine Arbeit über dieser vermeintlichen Ersparnis liegen.

Ein drastisches Beispiel für exorbitante Opportunitätskosten für die Gemeinschaft hat die britische New Economics Foundation in ihrem Bericht »A bit rich« errechnet: Danach schädigt jeder britische Steuerberater die Gemeinschaft des Vereinigten Königreiches mit dem 47-Fachen seines Jahreseinkommens von 70.000 bis 200.000 britischen Pfund. Ich ging in meiner Berechnung im Kapitel »Deutschland ist reicher als es denkt« von einer Ersparnis von einer Million Euro je Steuerberater aus, also etwa vom 12-Fachen des Durchschnittseinkommens dieses Berufszweiges. Dass es überhaupt ein angesehener und legaler Beruf sein kann, Firmen und Privatleuten dabei zu helfen, die Zahlung von Steuern und Abgaben an die Gemeinschaft zu reduzieren und zu vermeiden, ist Ausdruck des größtmöglichen Misstrauens zwischen Bürgern und Staat. Wenn nämlich Bürger ihre Abgaben nicht entrichten, dann am liebsten mit der Begründung, sie fütterten damit einen korrupten, verschwenderischen und ineffektiven Staat. Dem Steuervermeider erscheint der Staat als zu bekämpfender Räuber.

Es verwundert nicht, dass der Beruf des Steuerberaters ausschließlich in defizitären Staaten wie den USA, Großbritannien und

Deutschland andauernd boomt. In Norwegen und der Schweiz dagegen ist er nicht so verbreitet. In Deutschland gibt es sogar eine als Körperschaft des öffentlichen Rechts bezeichnete Bundessteuerberaterkammer, die 86.279 (2009) Mitglieder zählt. Der Steuerberater ist ein staatlich anerkannter und geprüfter Beruf. Um das Maß voll zu machen, dürfen die Kosten für die gemeinschaftsschädliche Steuerberatung sogar noch selbst als außergewöhnliche Belastung von der Steuer abgezogen werden.

Nach Schätzung der deutschen Steuergewerkschaft gehen Deutschland allein durch zu wenige Finanzbeamte 30 Milliarden Euro an Steuern jährlich verloren. Ein einziger Betriebsprüfer des Finanzamtes, so wurde errechnet, spielt pro Jahr eine Million Euro ein. Gelingt es den deutschen Steuerberatern, den gleichen Betrag, also als Berater von 50 Kunden je 20.000 Euro Steuern zu »sparen« – was für ein verrückter Begriff, wenn man weiß, dass jeder fehlende Euro vom Staat für Zinsen aufgebracht oder gar durch neue Schulden finanziert wird –, dann entgehen der Gemeinschaft weitere 86 Milliarden Euro im Jahr. Das Misstrauen der Bürger gegen den Staat kostet also in Deutschland die Gemeinschaft bereits ohne Berücksichtigung von Schwarzarbeit unvorstellbare 116 Milliarden Euro.

Dies ist erheblich mehr, als insgesamt für Zinsen und in Normaljahren selbst für die Neuverschuldung benötigt wird.

Die weltweit größte Steuerberatungsfirma Deloitte veröffentlicht regelmäßig einen World Tax Advisor, dessen einziger Inhalt darin besteht, die jeweils nationalen Steuergesetze entweder zu umgehen oder aber – falls gerade ein armes Land Dumpingsteuern beschlossen hat – Holdings und Vermögenswerte in dieses Land zu verlagern.

Allen Ernstes sprechen Politiker auch in Europa von einem »Steuerwettbewerb«, das heißt also von einem Wettbewerb zwischen den Staaten, möglichst viele Steuern in ihrem Land zu verbuchen. Die Verlierer dieses unsinnigen Wettbewerbs müssen dann mit Milliardenbürgschaften und Krediten vom Europäischen Stabilitätsfonds EFSF, mit EU-Strukturhilfen, vom Internationalen Währungsfonds IWF und von der Europäischen Zentralbank EZB gestützt werden. Vor allem aber müssen ihre verbliebenen Steuermittel bis zur Hälfte für die damit verbundenen, hohen Zinsen verwendet werden. Da Deutschland trotz der beachtlichen, fehlenden 116 Milliarden Euro pro Jahr mit 560 Milliarden Euro zu den Staaten der Welt mit den höchsten Steuereinnahmen zählt, ist davon auszugehen, dass allein in den 27 EU-Staaten jährlich eine Billion Euro als entgangene Steuereinnahmen durch das fehlende Vertrauensverhältnis zwischen Bürger und Staat als Opportunitätskosten anfallen. Die sogenannte Eurokrise erscheint so in einem anderen Licht: Nicht fehlendes Wachstum oder fehlende Innovation führen viele europäische Staaten in den Ruin, sondern nicht mehr finanzierbare Steuerprivilegien für Wohlhabende.

Daraus ließe sich eigentlich ableiten: Ein Wiederhersteller des Vertrauens, ein Vertrauensberater, hätte eigentlich nicht nur eine sozial und menschlich befriedigende Aufgabe vor sich, sondern auch ein äußerst lukratives Geschäftsfeld, denn die Senkung der Opportunitätskosten des Vertrauensverlustes ist in allen europäischen Staaten schlichtweg die Alternative zu Kürzungen im Staatshaushalt und weiteren Steuerbelastungen.

Wenn Vertrauen so wertvoll ist – warum stößt es dennoch auf breitestes Desinteresse? Die psychoanalytische Vertrauenstheorie geht davon aus, dass Vertrauen bereits in der frühen Kindheit entsteht oder eben nicht. Es gilt als eine völlig von Sozialisation und Erziehung abhängige Tugend. Eltern und Erzieher werden deshalb seit Jahrzehnten beschworen, eine Vertrauensbeziehung zum Kind aufzubauen. Deren wichtigster Baustein aber ist Kontinuität – und genau die ist durch Patchworkfamilien, Job- und Wohnsitzwechsel, Bildungs- und Selbstverwirklichungsphasen der Eltern und Erzieher weitgehend verloren gegangen. Wenn es also stimmen würde, dass Kontinuität der wichtigste Baustein bei der Entwicklung und dem Erwerb von Vertrauen wäre, dann könnte bei dessen Fehlen auch kein Vertrauen mehr nachwachsen. Vertrauen wäre damit eine Währung der Kriegsgenerationen, die ihre Gültigkeit verloren hat. Nun könnte Vertrauen aber auch auf anderen Wegen entstehen, etwa durch vernünftige Einsicht darin, dass alle Beziehungen durch Vertrauen besser gelingen. Allerdings steht diese Einsicht unter dem Druck, sich ständig gegen ihre Widerlegung behaupten zu müssen.

Der Alltag ist voll mit Erlebnissen von enttäuschtem Vertrauen. Er wird daher von vielen sowohl im Privat- wie im Berufsleben als belastend empfunden. Zur Kompensation dieser Belastung sucht man die kleinen Fluchten: die Wochenendreise, den Rückzug ins Private, die Flasche Wein mehr, das Outdoor-Sporterlebnis. Von Menschen, die unter enttäuschtem Vertrauen leiden und sich mehr oder weniger verbittert von der Gemeinschaft, ja selbst von ihrer eigenen Familie und ihren Freunden abgewendet haben, Einsicht in den Nutzen von Vertrauen zu erwarten, ist nicht idealistisch, sondern einfach unrealistisch. Wirkliche Vertrauenserlebnisse entstehen immer nur im Zustand des Schenkens und Gebens. Sie bestehen ganz wesentlich in der Empfängnis eines unerwarteten Geschenks. Über Jahrtausende ist es üblich gewesen, Vertrauen über Geschenke herzustellen, nicht über Versprechungen. Die gesamte antike Opferkultur unter Einschluss der christologischen Version vom Opfer des Sohnes Gottes beruht auf dem Gedanken, durch ein versöhnendes Geschenk das Vertrauen wiederherzustellen. Hellenische Kriegsflotten pflegten den Brauch, zunächst ein Schiff durch Versenken Neptun zu opfern, bevor sie mit ihrer Flotte zu Eroberungen aufbrachen. Wir haben gelernt, das Opfer zu umgehen. Die Organisation unserer Gesellschaft scheint uns ein opferfreies Dasein zu ermöglichen. Zumindest sind wir uns keines Opfers bewusst – wenn da nicht unsere verrinnende Lebenszeit wäre. Jede Sekunde, jede Minute, die wir mit Steuervermeidung, Geldanlage, Klagen und Klageerwiderungen, Schutz des Eigentums und anderen Akten der persönlichen Vorteilsnahme verbringen, fehlen uns zum Genuss des Gewinnes aus dieser Vorteilsnahme.

Vertrauen, so eine weitere Überlegung, könnte sicher einen gehörigen Gewinn an Lebensqualität bedeuten. Damit aber wäre Vertrauen auch eine Frage der individuellen Lebensgestaltung, nicht nur eine Voraussetzung für das Funktionieren von Staat und Gesellschaft. Jedenfalls wissen wir nun, wie viel Vertrauen in Europa wert ist: eine Billion Euro. Pro Jahr. Damit wären die Schulden in wenigen Jahren getilgt.

Was ich geschenkt bekomme, muss ich nicht kaufen

Die Finanzmärkte und ihre Produkte mögen komplex sein, der Grund für ihren Einsatz aber ist einfach: Durch Geld sollen offensichtlich nicht verfügbare soziale Ressourcen ersetzt werden. Das Tauschmittel Geld ersetzt Leistungen, die auch auf dem Wege des Tausches und des Geschenkes erbracht werden können. Was ich geschenkt bekomme, muss ich nicht kaufen. Ein Großteil der in Fonds und Vermögensverwaltungen nach Rendite drängenden Finanzmittel sind Rücklagen für das Alter. Offensichtlich rechnen Millionen alte Menschen nicht damit, dass ihre Kinder, Freunde oder Kollegen sie einmal im Alter versorgen werden. Sie ziehen ein anonymes Versicherungssystem dem Risiko vor, als Bedürftige die Versorgung verhandeln zu müssen. An ihrer Stelle verhandeln nun die Verwalter der Vermögen als Gläubiger mit den nachfolgenden Generationen, die in Form von Steuern, Zinsen, Abgaben, Mieten und Dividenden die Älteren versorgen sollen. Da aber der soziale Zusammenhang, der überhaupt erst eine Tausch- und Geschenkkultur ermöglicht, mindestens ebenso komplex ist, wie die Finanzmärkte – wie soll ich zum Beispiel eine Flugreise auf Tauschbasis buchen? –, hat sich das Zahlungsmittel Geld scheinbar als der einfachere und praktikablere Vermittler erwiesen. Allerdings wurde die zuvor sicher sehr schwierige und heikle Verhandlung des Tauschwertes nun durch die Preisverhandlung abgelöst. So sehr das Geld als einfachste Lösung erscheint, sobald es um den Preis geht, löst sich die Freude über den schnellen Handel in Ärger über zu hohe oder zu niedrige Preise auf. Wir könnten sagen: Der Tauschhandel ist in die Preisverhandlung übergegangen. Wer heute das Pech hat, sein Produkt oder seine menschliche Arbeitsleistung in einer Währung zu erbringen, die einen extrem schlechten Wechselkurs hat, kann kaum in Länder mit besseren Wechselkursen reisen oder von dort Güter und Mitarbeiter einführen. Das internationale Währungssystem sorgt so für einen dauerhaft isolierten Welthandel, in dem nicht der durch Rohstoffe, Qualität und Ideenreichtum geschaffene Warenwert den großen Gewinn verspricht, sondern die Währungsdifferenz. Die sogenannten Global Player sind deshalb alle in Starkwährungsländern angesiedelt, kaufen aber zahlreiche Produkte und Mitarbeiter in Schwachwährungsländern ein. Der viel gefeierte Exporterfolg ist zu einem großen Teil nur die clevere Ausnützung der Wertdifferenzen. Umgekehrt haben einige Schwachwährungsländer, etwa China, Indien und die Philippinen, durch ihre niedrigen Währungen eine Exportindustrie aufgebaut, die ihre Marktanteile nur durch Preisdumping erkämpft.

Globalisierungsgegner haben schon seit Langem bemängelt, dass der freie Welthandel nur wenige Gewinner hat, aber viele Verlierer, die durch Rohstoffraub, Umweltzerstörung, Niedriglöhne und als Bürger desolater Staaten ohne Steuereinnahmen um ihren Anteil am Weltreichtum betrogen werden.

Wir können ähnliche Effekte auch in unserem Alltag beobachten: Wer das Glück hat, ohne eigene Leistung ein Haus in einem gefragten Ballungsgebiet oder einer attraktiven Ferien- und Altersruhesitzregion zu erben, dessen verfügbares Nettoeinkommen verdoppelt sich gegenüber dem Durchschnitt der Bevölkerung, der die Hälfte seines Einkommens für Miete aufwenden muss. Wer aber nicht geerbt hat, müsste aufgrund der gestiegenen Steuern und Abgaben 30 Jahre lang das Doppelte verdienen wie sein vermögender Nachbar – ein aussichtsloses Unterfangen: Um 500.000 Euro für eine Immobilie anzusparen, müsste man 30 Jahre lang jedes Jahr 16.666 Euro zurücklegen können. Damit aber müsste das jährliche Bruttoeinkommen aufgrund von 50 Prozent Steuern und Sozialabgaben bereits um 33.332 Euro höher sein. Wenn man nun auch noch über einen Kredit finanzieren muss, benötigt man anfangs weitere 16.666 Euro jährlich für die Zinsen. Da beide Ausgaben steuerlich nicht abziehbar sind, benötigt man also in 30 Jahren ein Mehreinkommen von weit über einer Million Euro, nur um ein einfaches Einfamilienhaus sein Eigen nennen zu können. Die Weltwirtschaft mit ihren Ungerechtigkeiten und Disparitäten, die durch internationale Organisationen und Gesetze festgeschrieben werden, führen dazu, dass sich die Marktanteile der Staaten nur sehr gering verschieben. Anhand des Weltreichtumsberichtes der Schweizer Bank Credit Suisse lässt sich ausrechnen, wer die Gewinner und Verlierer des Welthandels seit der Gründung der World Trade Organisation (WTO) sind. Dabei wird der Anteil eines Landes am Welthandel mit seinem Anteil am Weltreichtum verglichen. Ist der Anteil am Welthandel niedriger als der am Weltreichtum, dann hat das Land Überschüsse anderer abgeschöpft und scheinbar gewonnen. Ist der Anteil höher, wurde es ausgeraubt. Nur ein in etwa ausgeglichenes Verhältnis der Anteile an Welthandel und Weltreichtum könnte ein Zeichen dafür sein, dass sich das Land als fairer Handelspartner in der Weltwirtschaft betätigt, also nicht auf Kosten anderer wirtschaftet. Es mag für viele sehr überraschend sein, aber ausgerechnet die Volksrepublik China und die Bundesrepublik Deutschland haben unter den großen Exportnationen weltweit das ausgeglichenste Verhältnis von Leistung und Reichtum, wie die folgende Tabelle zeigt:

Fairconomy
Bei diesen Staaten ist das Verhältnis ihres Anteils am Welthandel und ihres Anteils am Weltreichtum am ausgeglichensten

Rang	Name	Anteil BSP in %	Abweichung BSP/ Reichtum in %	Anteil Reichtum in %
1	China	8,50	– 0,35	8,47
2	Portugal	0,36	5,56	0,38
3	Deutschland	5,33	6,19	5,66
4	Hongkong	0,35	8,57	0,38
5	Norwegen	0,69	– 11,59	0,61
6	Indonesien	1,06	– 12,26	0,93
7	Südkorea	1,57	– 14,01	1,35
8	Spanien	2,24	– 15,18	1,90
9	USA	24,20	15,95	28,06
10	Libanon	0,06	– 16,67	0,05

Quelle: Verlierer und Gewinner des Welthandels (2010), Basel Institute of Commons and Economics

Dabei wird der Anteil, den ein Land am Weltbruttosozialprodukt hat, mit seinem Anteil am Weltreichtum verglichen. Je geringer die Abweichung ist (mittlere Spalte der Tabelle), desto fairer wird das Land international beurteilt.

Es ist deshalb kein Zufall, dass China und Deutschland in der internationalen Politik als ausgleichende Faktoren sehr beliebt sind und ausnahmslos mit allen Staaten erfolgreiche Handelsbeziehungen unterhalten. Es ist dann auch kein Zufall, dass beide Staaten am wenigsten von der Finanzkrise betroffen waren: Je weniger Ungleichgewicht in der Finanzwirtschaft aufgebaut wird, desto geringer ist das Risiko des Absturzes, wenn Finanzwerte sich als fiktive Ansprüche im Nichts erweisen.

Wenn Geld als Medium nun Tausch und Geschenke ersetzt, dann ändert sich auch der Blick auf Schulden: Sie sind das Versprechen, mit den durch Geld zugekauften Produkten und Diensten in ferner Zukunft Geldgewinne zu erwirtschaften. Die Fürsten- und Königshäuser tilgten ihre Schulden jahrhundertelang nur durch kriegerische Eroberungen. Peter Sloterdijk hat in seinem Buch »Im Weltinnenraum des Kapitals« die großen Entdecker wie Columbus, Magellan und Vasco da Gama zu verzweifelten Abenteurern erklärt, die für ihre bankrotten Könige Tilgungsmittel im Eldorado auftreiben sollten. Die Eroberung Amerikas wäre damit eine einzige, gigantische Tilgungsaktion gewesen.

Die der Verzinsung zugrunde liegende Vorstellung, ein eingesetztes Kapital müsse sich unbedingt und natürlich dauerhaft selbst vermehren, hat in der Staatsanleihe ein reales Finanzprodukt gefunden. Fortan gibt es nur ein großes Ziel der Finanzwirtschaft: Zunächst durch Ausnützen der Schwankungen von Währungen und Preisen einen außerordentlichen und möglichst nicht besteuerten Profit zu erzielen und diesen dann risikolos in festverzinslichen Staatsanleihen als Perpetuum mobile arbeiten zu lassen. Der ehemalige Präsident der Deutschen Bundesbank Ernst Weltecke verhieß in einer Rede gar, Deutschland solle zum »Produktionsstandort von Kapital« werden. Damit aber wird deutlich, dass Kapital nicht mehr das Ergebnis von Leistung oder als Überschuss die Vorsorge für Notzeiten ist, sondern sich leistungslos selbst in einer Retorte reproduziert.

Die Staatsverschuldung ist deshalb keineswegs nur das Ergebnis von verschwenderischen Staatshaushalten, sondern sie wird auch von den Anlegern gewünscht. Kein Schuldner ist so sicher und so wenig dem unerwünschten Wettbewerb der Märkte ausgesetzt wie ein Staat. Und wenn die Zinsen steigen, weil die Bonität des Staates schlechter gesehen wird, freut es die Anleger erst recht, denn die Zinsen werden aus den sprudelnden Steuereinnahmen bezahlt. Der Käufer von Staatsanleihen hat den Staat und seine Bürger als dauerhafte Renditequelle entdeckt. Dass trotzdem große Absatzschwierigkeiten bei Staatsanleihen bestehen, liegt mehr an der ungleichen Verteilung der Vermögen: Immer weniger Menschen in den westlichen Hochsteuerländern können noch Kapital für ihre Altersvorsorge ansparen. Selbst im Industriestaat Deutschland stammen bereits 35 Prozent des Nationaleinkommens aus Vermögenserträgen, überwiegend der Altersvorsorge. Die Arbeitenden müssen durch ihre Steuern, Sozialabgaben, Kreditzinsen und Mieten diese Vermögenseinkommen erwirtschaften. Wenn sie dies nicht mehr tun können, nennt man das – verkürzt formuliert – »Finanzkrise«, denn diese Erträge sind wesentliche Kapitalquellen der Finanzmärkte und ihrer komplizierten Produkte.

Es ist deshalb sinnvoll, die Finanzwirtschaft insgesamt als Schneeballsystem zu bezeichnen, denn die erwarteten Renditen und Zinsen aus den Wertpapieren sollen von zukünftigen Steuerzahlern, Konsumenten und Anlegern bezahlt werden. Wenn aber der Wirt unter der Überlast der Ansprüche zusammenbricht, stirbt auch der Parasit. Die Finanzwirtschaft in ihren parasitären Auswüchsen zerstört sich letztlich selbst.

Vieles, was im deutschen Staatshaushalt teuer mit neuen Schulden erkauft wird, gibt es auch gratis, etwa die gemeinsame Versorgung von Kranken, Kindern und Alten für das Sozialbudget oder die Beschäftigung auch von scheinbar unproduktiven Menschen, anstatt sie in Isolation und Sozialhilfe zu schicken. Der Bundeshaushalt besteht zum großen Teil aus Leistungen, die auch im Tausch oder als Geschenk erreichbar sind. Solange diese Leistungen aber über Steuern finanziert werden, sehen die Bürger keinen Anlass, sie selbst zu erbringen. Der schuldenfinanzierte Steuerstaat ist selbst zum Dienstleister geworden, den die Bürger um die Ecken scheuchen.

Die Finanzkrise zeigt, dass die Abhängigkeit von den Geldströmen verringert werden, nicht, dass diese besser überwacht und kontrolliert werden müssen. So, wie Stück um Stück regenerative Energien die Atomkraft und bald auch Öl und Gas ersetzen werden, kann auch die Finanzwirtschaft zurückgebaut werden: Wenn die Staaten als Schuldner und Zinszahler ausfallen, muss sich die Finanzwirtschaft wieder auf ihre ursprüngliche Kernkompetenz zurückbesinnen, nämlich die Bereitstellung von Risikokapital für Innovationen und Unternehmensgründungen. Die Aktienmärkte weltweit sind seit Jahren in einer Krise, weil die Staaten selbst das Kapital von den Märkten saugen, das die Unternehmen dringend benötigen. Es gibt kaum mehr neue Börsengänge. Die bestehenden Großunternehmen wachsen nicht nur durch innovative Produkte und Leistungen, sondern kaufen andere Marktteilnehmer auf. Ihr Gewinn, der ihren Erfolg am Aktienmarkt sichern soll, liegt auch in der Ausnutzung von nationalen Steuervorteilen, Niedriglöhnen in anderen Staaten und billigen Rohstoffen. Die bereits von Karl Marx als Akkumulation des Kapitals prophezeite Konzentration und Monopolisierung schreitet voran. Nein, nicht weil böse Kapitalisten alleine die Weltmärkte beherrschen möchten, sondern weil neue Konkurrenten kein Kapital und damit keinen Marktzugang mehr bekommen.

Der Ort, an dem ein Downsizing der Geldwirtschaft wirklich praktikabel ist, sind die öffentlichen Haushalte von Gemeinden, Ländern und Bund. Wenn sie von aufwendigen Umverteilungsapparaten zu Vermittlungsstellen von Sozialkapital werden, können sie einen großen Teil ihrer Aufgaben an die Bürger zurückgeben. Fälschlicherweise wurde das jahrzehntelang als Grund für die Privatisierung von Verkehrsbetrieben und Stadtwerken angeführt, dabei bestand die Privatisierung nur in einer Privatisierung der Gewinne und einer Sozialisierung der Verluste.

Wenn die Gemeinschaft nicht mehr jede Kinder- und Altenbetreuung sowie die Gewährung von Sicherheit und Gesundheit teuer zukaufen muss, kann sie sich mit einem ausgeglichenen Verhältnis von Marktanteil und Vermögen begnügen. Die Staatsschulden entstanden, weil man Güter und Leistungen kaufen wollte, die eigentlich Gemeingüter im Generationenvertrag sind. Sie verschwinden in dem Moment, wo sich eine Gemeinschaft wieder auf ihre Gemeingüter und ihr Sozialkapital besinnt.

48 Millionen Kirchenmitglieder
warten auf ihre Berufung

Die Dame war selbstbewusst. »Nach einer Umfrage haben die Deutschen am meisten Vertrauen in den ADAC. Erst ganz hinten kommen die Kirchen.« Sie war Beauftragte eines ADAC-Projektes, künftig bürgerschaftliches Engagement zu koordinieren. »Weil viele Menschen nicht mehr in ihrer Kirchengemeinde aktiv sein möchten«, ergänzte sie. Ich zuckte innerlich zusammen: ADAC statt Kirche. Was war geschehen?

Zahlen können so trocken sein. Und doch verkörpern sie in einer Welt, in der Unternehmen wie Facebook an der Zahl ihrer Mitglieder in Milliarden Dollar bewertet werden, eine Vorstellung von der Kraft der Vervielfältigung. Die beiden Kirchen in Deutschland können zusammen noch immer 48 Millionen Mitglieder melden. Diese Zahl ist nicht nur für die damit verbundene Kirchensteuer bedeutend. Die Mitgliedschaft in einer der beiden und vielen weiteren Kirchen ist völlig freiwillig. Sicher, es hat Zeiten gegeben, in denen die Kirchenmitgliedschaft im Rahmen sozialer Kontrolle eine Pflicht darstellte, ohne deren Befolgung man den Ausschluss aus der Gemeinschaft befürchten musste. Aber wer heute nach dem vollendeten achtzehnten Lebensjahr freiwillig Kirchenmitglied bleibt, drückt damit ein großes Maß der Anerkennung und des Respektes für nicht materielle Werte aus. Dieses im Grunde sensationelle Potenzial wird jedoch in Deutschland von den Kirchen und vom Staat nur wenig genutzt. Dies hat mehrere Gründe. Zunächst gilt die Religionsmitgliedschaft als eine Privatangelegenheit. Das war einmal eine große Errungenschaft in der Trennung von Kirche und Staat. Eine politische Partei führt noch verschämt ein »C« in ihrem Namen und niemand stößt sich daran, dass diese Partei um nichts christlicher ist als ihre Konkurrenten ohne C. Dass Religion nur noch für Glauben zuständig ist, nicht für Politik und Wirtschaft, hat sie weitgehend aus der öffentlichen Wahrnehmung verbannt. Da muss schon eine evangelische Bischöfin nach einer nächtlichen Trunkenheitsfahrt ein Buch schreiben, um an einen der originellsten Beiträge der Kirchen zum Alltagsleben zu erinnern, nämlich an die Hervorhebung und Begünstigung der Sünder. Während nämlich Politik und Medien in der öffentlichen Verurteilung vermeintlich Schuldiger das schaffen, was sie ihren Wählern und Käufern völlig zu Unrecht als »Moral« verkaufen, haben die Kirchen eine lange Tradition in der Tugend der Vergebung.

Man kann auch als ganz atheistischer Soziologe vermuten, dass in einer konfliktreichen Gemeinschaft, in der ständig um Recht und Pfründe, Schuld und Unschuld, Wahrheit und verdienten und unverdienten Erfolg gestritten wird, Vergebung ein äußerst harmonisierendes Element ist. Vergebung ist sozusagen das Feng-Shui in der Architektur des gemeinschaftlichen Raumes. Nach dem Attentat von Anders Breivik wurden Bilder von einer norwegischen Strafanstalt für langjährige Häftlinge gezeigt: Sie leben und wirtschaften auf einer Insel, wo sie sich selbst verpflegen. Keine Waffen, keine Zäune, keine Zellen. Sie leben in einer ländlichen Wohngemeinschaft abseits der Zivilisation. Der Gedanke, dass Anders Breivik so einen Ort zur Verbüßung seiner Strafe bewohnen dürfte, könnte deutsche oder amerikanische Gemüter erhitzen. Norweger regt das dagegen nicht auf. Sie haben einen christlichen Strafbegriff, was heißt: Im Mittelpunkt der Strafe steht die Resozialisierung. Ohne Vergebung aber gibt es keine Resozialisierung. Das Gegenbild bildet der legendäre Sheriff Joe Arpaio aus Maricopa County, Arizona. Stolz rühmt er in einem Fernsehfilm, dass er seine aneinandergeketteten Gefangenen, die »Chain-Gangs«, sinnlos bei 40 Grad Hitze am Straßenrand Unkraut rupfen lässt, damit die vorüberfahrenden Autofahrer anhalten und sie beschimpfen können. 3.300 Gefangene ernähren alleine dort eine gigantische Gefängnisindustrie. Verrückt genug: Die Amerikaner halten sich in der Regel für besonders christlich.

Das christliche Prinzip Vergebung spielt aber auch in Deutschland erstaunlicherweise weder in der Gesellschaft noch im Gemeindeleben eine tragende Rolle. Dies hat einen theologischen Grund, der in den überlieferten Grundbotschaften der beiden christlichen Religionen liegt. Wir werden nicht umhinkommen, diese Grundbotschaften zu erwähnen, um zu verstehen, warum es eigentlich in Deutschland trotz 48 Millionen Christen noch derart viel Unfreundlichkeit, Neid und Streiterei gibt. Und wie viele Familien sind wirklich Orte der Liebe, Erfüllung und Erholung?

Das Christentum verdankt seinen Namen der überlieferten Lebensgeschichte eines Predigers namens Jesus, der in Nazareth, im heutigen Palästina gewirkt haben soll. Es ist nicht nur der Öffentlichkeit, sondern auch den meisten Priestern nicht bekannt, dass von diesem Priester mindestens zwei Geschichten in den damaligen Sprachen überliefert sind. Die erste uns bekannte Geschichte besagt, dass Jesus als Ketzer gekreuzigt wurde, da er die beiden damals herrschenden Religionen, das Judentum und den römischen Kaiserkult, ablehnte. Für die Juden war Jesus ein falscher Prophet, für die Römer ein Straftäter, denn man musste auch den Kaiser als Gott anerkennen – auch. Diese Einschränkung ist hervorhebenswert, denn in der römischen Welt waren alle Götter erlaubt. Einträchtig hatten sie ihren Sitz mitten in Rom auf dem Pantheon. Die Botschaft von Jesus, dass es nur einen Gott gäbe, dem alle anderen Götter unterzuordnen seien, widersprach nun dem damaligen, pluralistischen Pantheismus.

Die zweite Geschichte erwähnt nur die *Logoi Sophon*, die Weisheitssprüche eines gewissen Jesus. Zu diesen Sprüchen aber gibt es keine Kreuzigungs- und Auferstehungsgeschichte. Die 114 Sprüche finden sich im sogenannten Thomasevangelium, das 1945 von dem Psychiater Carl Gustav Jung auf dem Antiquitätenmarkt in Kairo entdeckt wurde. Mönche hatten die Papyri in einer Tonurne im Oberen Niltal bei Nag Hammadi vergraben, wo ein Beduine sie auf der Flucht vor einer Blutrachefehde fand. Ein Teil der Papyri verbrannte er, um sich ein Feuer zu machen. Den Rest verkaufte er an einen Antiquitätenhändler.

Kostproben aus dem Thomasevangelium: »Sucht ihr das Reich Gottes im Himmel, kommen euch die Vögel zuvor. Sucht ihr es im Wasser, kommen euch die Fische zuvor.« »Wer suchet, höre nicht auf zu suchen, bis er findet, wenn er aber findet, wird er sich wundern. Und wenn er sich wundert, wird er bestürzt sein und über das All herrschen.«

Der letztere Weisheitsspruch führte zu den drei von den Evangelisten überlieferten Sprüchen *Suchet, so werdet ihr finden. Klopfet, so wird euch aufgetan. Bittet, so werdet ihr empfangen.* Da das Thomasevangelium nachweislich aus dem vierten Jahrhundert nach Christus stammt, und damit wesentlich älter ist als die vier Evangelien, ist davon auszugehen, dass die fernöstlich angehauchten philosophischen Weisheitssprüche den christlichen Missionaren zu intellektuell waren. Es blieb dann nur noch die einfache Botschaft übrig.

Vor allem aber fehlt im Thomasevangelium das zentrale Element der deshalb als christlich bezeichneten Botschaft: Jesus wurde nach Thomas *nicht gekreuzigt.* Er vollbrachte auch keine Wunder. Und erstand auch nicht wieder von den Toten auf. Damit entfällt aber auch das Opfer, das heißt, Gott hat seinen eingeborenen Sohn gar nicht geopfert.

Wir können deshalb verstehen, warum das Thomasevangelium bis heute nicht in das Neue Testament aufgenommen wurde und nicht nur den Gläubigen, sondern auch den meisten Pfarrern völlig unbekannt ist. Das Thomasevangelium stellt das Christentum beider Konfessionen derart infrage, dass sie so nicht weiterexistieren können. Es findet sich allenfalls versteckt in religionsgeschichtlichen Bänden der Apokryphen des Neuen Testaments.

Bringt man nun die christliche Botschaft selbst in Verbindung mit der Lebenspraxis von 48 Millionen Christen, könnte man eine nüchterne Frage stellen: Wenn eine grausame Gewalttat in Gestalt der Kreuzigung das Symbol einer Religion ist, kann man dann den Menschen vorwerfen, dass sie nicht harmonisch und in Nächstenliebe zusammenleben?

Ein mörderischer und strafender Gott, der seinen Sohn kreuzigen lässt als Verkünder von Vergebung und Liebe? Dies mögen die Menschen in der Spätantike noch als Fortschritt empfunden haben, als Götter als jähzornige Exzentriker die Menschen einem stets ungewissen und erbarmungslosen Fatum aussetzten. Aber in der friedlichen, postmodernen Welt fast 70 Jahre nach dem letzten Krieg erscheinen die christlichen Lehrkonstrukte als Relikte einer zum Glück überwundenen, kriegerischen Vorzeit. Sie berühren die Menschen nicht. Es gibt keinen Hinweis darauf, dass sich Nachbarn in besonders christlichen Regionen weniger streiten, dass christliche Arbeitgeber fairer sind und christlich erzogene Kinder eher andere Kinder zu sich nach Hause einladen.

48 Millionen Menschen warten auf ein Zeichen der Kirchen, wie sie mit immateriellen Mitteln ihre Welt verbessern können. Stattdessen verlesen die Kirchen ihre bewährten Psalmen und Bibeltexte, singen Lieder, die in den Notzeiten des Dreißigjährigen Krieges 1618 bis 1648 entstanden, veranstalten Kollekten für Afrika und verfassen jedes Jahr einen Appell ihrer Bischöfe an die Regierungen, doch friedlich und gut zu sein. Umso erstaunlicher ist es, dass die Menschen immer noch in der Kirche bleiben und sogar Kirchensteuer bezahlen. Obwohl die Kirchen theoretisch die größten nicht materiellen Bewegungen in Deutschland sind, gilt ihr Hauptaugenmerk der Kirchensteuer, Kollekte und Spendenaktionen. Allenfalls die wenigen verbliebenen Abtreibungsgegner möchten ihre Mitbürger für das spirituelle Anliegen des Schutzes des ungeborenen Lebens gewinnen. Sie sind noch auf einer Mission.

Wir dürfen annehmen, dass die verbliebenen 48 Millionen Kirchenmitglieder potenzielle Missionare sind. Es ergeht nur kein Ruf an sie. Die Kirchensteuer wird vom Finanzamt abgezogen. Die Gemeinden schreiben Gemeindebriefe, deren Worte oft weniger berühren als jede Doku-Soap. Als einzigen Inhalt verkünden sie den Vollzug des Kirchenjahres von Weihnachten bis Erntedank. Die gängige Form der individuellen Teilhabe an der weltgrößten Veranstaltung des Spirituellen besteht in der Befolgung der Reihenfolge Taufe, Konfirmation, Hochzeit und Begräbnis.

Den christlichen Kirchen gelingt es, mit viel Geld wenig Wert zu schaffen. Verloren stehen oft die kalten und ungemütlichen Gotteshäuser zwischen Parkplätzen und Fußgängerzonen herum. Allenfalls auf die in den Reiseführern erwähnten Relikte der großen Epochen der Romanik, der Gotik und des Barocks fällt noch der Schein der Aufmerksamkeit als Architekturdenkmäler. Hat man je von einer deutschen Kirche gehört, vor der am Sonntag die Menschen anstehen, weil es sich herumgesprochen hat, dass dort eine spirituelle Aura, ein gutes Feng-Shui herrscht? Wenn aber ein festliches Konzert mit Kompositionen von Bach und Mozart veranstaltet wird, stürmen auch die Nichtmitglieder den festlichen Dom. Sie sind dann unsicher, ob sie am Ende applaudieren, oder aber eine stille Versenkung demonstrieren sollen. Inzwischen hat sich das Applaudieren durchgesetzt. Versenkung muss nicht mehr vorgetäuscht werden, weil es keine Versenkungskontrolleure mehr gibt, die einem das Schließen der Augen als Bonuspunkt im Buch der Frömmigkeit eintragen.

Zurück zum Ausgangspunkt: Trotz all dieses, gemeinsam und freiwillig vollzogenen Abschieds von einem veräußerlichten Christentum muss irgendetwas geblieben sein, das die Menschen noch Gemeindemitglieder bleiben lässt. In der Sprache von Benedikt XVI.: Es muss ein Mysterium des Glaubens geben, das sich nicht aus der Schrift, aus der Predigt oder gar dem Ambiente der Gotteshäuser erschließt.

Wenn die Kirchenmitgliedschaft aber tatsächlich eine symbolische Sehnsucht nach dem Leben mit nicht materiellen Werten in der Gemeinschaft ausdrückt – beten kann ich ja mit Gott alleine –, dann könnte die fehlende Erfüllung dieser Sehnsucht einen ganz einfachen Grund haben: Die Kirchengemeinden vertreten und praktizieren in der Regel selbst keine nicht materiellen Werte. Dann bleiben die Menschen nicht deshalb vom Gottesdienst und den Gemeindeveranstaltungen fern, weil sie als moderne Egoisten und Hedonisten lieber radeln und golfen, sondern weil sie in den dort angebotenen Inhalten keine Antwort auf ihre Sehnsucht nach spirituellem Erleben, nach Sinn und philosophischem Austausch über Lebensfragen finden. Statt Fragen bieten die Kirchenvertreter meist nur Antworten. Sie sehen die christliche Religion als Antwort auf die Sinnfrage, nicht als Teil von ihr an.

48 Millionen Kirchenmitglieder sind dann wie Abonnenten eines Stadttheaters, für das es keine neuen Autoren, Stücke, Schauspieler und Regisseure mehr gibt. Jedes Jahr steht das gleiche Programm im Prospekt.

Sie kündigen ihr Abonnement dennoch nicht, in der Hoffnung auf die nächste Saison. Wenn also nun ein Intendant mit einem neuen Programm käme, würden wohl viele wieder in ihr Stadttheater gehen. Aus Neugierde, nicht aus Verpflichtung.

Muss man prophetische Fähigkeiten haben, um festzustellen: Die Kreuzigung und Auferstehung Christi wird als einziges Stück nicht mehr laufen, egal in welcher Inszenierung?

48 Millionen Kirchenmitglieder sind nicht nur 48 Millionen potenzielle Christen und Missionare, sondern sie zeigen, dass es offensichtlich für immaterielle Anliegen noch eine Mehrheit gibt. Wann greift diese in das Gemeinschaftsleben ein, um die großen Fragen der Zeit wie Entfremdung, Einsamkeit und soziale Kälte zu überwinden?

Arm, aber freundlich –
warum die Stadt einen Kiez braucht

Der Berliner Bürgermeister Klaus Wowereit ist berühmt für das Bonmot, dass Berlin zwar arm, aber sexy sei. Beides stimmt wohl nicht so ganz, denn weder ist die hoch geförderte Bundeshauptstadt heute außergewöhnlich arm noch außergewöhnlich sexy. Berlin beherbergt – wie alle Großstädte – arme und reiche Bürger, attraktivere und unattraktivere Bezirke. Es gibt zwar viele Menschen ohne Arbeit, aber wer Arbeit hat, verdient nicht weniger als in anderen Städten. Ich habe 23 Jahre in Berlin gelebt, in Schöneberg und Charlottenburg. Ende der 60er-Jahre, als ich als langhaariges Kind zur Kulturrevolution rekrutiert wurde, waren weite Teile West-Berlins atmosphärisch mit Harlem und der Bronx vergleichbar: Drogendealer, Asoziale und Betrunkene lungerten herum. Auf dem morgendlichen Schulweg musste ich meinen Weg zwischen zerbrochenen Bierflaschen, Erbrochenem, Urin, Blut, Müll, Zigarettenkippen, Hundekot und Stanniolpapier bahnen. Schwer lag im Winter der säuerliche Schwefelgeruch der Kohleheizungen über der Stadt. Banden bedrohten mich als 12-Jährigen. Ich musste bestimmte Straßen und auch den Sportplatz der Grundschule meiden. Dort herrschte Ufuk, ein grausamer, kleinwüchsiger Bandenchef aus dem Balkan. Wir spielten auf scherbenübersäten Trümmergrundstücken. Unser Fußballplatz war der Mittelstreifen der Lietzenburger Straße. Ein Klassenkamerad von mir lebte in einem Kellerloch und besaß kaum Kleidung. Bei den Bäckern gab es zwei Sorten Brot, zwei Sorten Wurst und eine Sorte Käse. Aus heutiger Sicht war West-Berlin 1970 unvorstellbar arm, dreckig und schäbig. Wer aber nun erwartet, ich werde nun gleich das Lob von Freundlichkeit und Hilfsbereitschaft singen, wird enttäuscht sein: Die Berliner waren keineswegs besonders freundlich und auch nicht hilfsbereit. Sie klauten Kohle, Fahrräder, Schnaps und alles, was nicht niet- und nagelfest war. Lehrer und Polizisten waren mit einem Volk konfrontiert, das keinerlei bürgerlich-zivile Tugenden besaß und hemmungslos den öffentlichen Raum verschmutzte und zerstörte. Für ein Kind, das wie ich aus einem oberbayerischen Bauerndorf kam, war Berlin die Hölle. Ich habe später die Berliner Verhältnisse in Marseille und der Bronx wiedergefunden. Es gab in Berlin einen unpolitischen Zusammenhalt gegen jede Art von Ordnung und Obrigkeit. Bei Demonstrationen warfen Bürger Müll und sogar brennende Matratzen auf die Polizisten. Steuern wurden grundsätzlich nicht bezahlt. Die städtischen Gas- und Wasserwerke hatten größte Mühe, Strom und Gasgebühren einzutreiben. Viele Wohnungen hatten keine Namensschilder und wenn sich wirklich einmal Polizei oder Gerichtsvollzieher in ein Altbaumietshaus wagten, mussten sie mit Beschimpfungen und verschlossenen Türen rechnen. Keiner würde ihnen sagen, wo der Gesuchte war. In der U-Bahn wurde grundsätzlich schwarzgefahren. Selbst die billigen Monatskarten besorgte man sich mit gefälschten Namen und Bescheinigungen. Fast niemand hatte sein Fernsehgerät angemeldet. Was ich damals nicht wusste: Die deutsche Regierung hatte West-Berlin mit unvorstellbaren Beträgen als Vorhut des Westens subventioniert und war froh, dass in Berlin überhaupt noch junge Menschen lebten und studierten. Man wollte ihnen nicht mit Ordnung und Kontrolle das Leben zusätzlich erschweren. Rückblickend gesehen war die Berliner Studentenrevolte eine gigantische PR-Maßnahme für den Studien-, Wissenschafts- und Kulturstandort Berlin. Durch die Revolte strömten gebildete und aus wohlhabendem Elternhaus stammende westdeutsche Studenten in einen Gazastreifen, in dem eine Bevölkerung lebte, deren Bildung, Zukunftsperspektive und Qualifikation sich darauf beschränkte, eine Stelle im öffentlichen Dienst und in behördenähnlichen Großunternehmen zu ergattern. Leistungsdruck war in Berlin völlig unbekannt. Dieses Desinteresse der Beschäftigten ist bis heute Legende. Durch die innovations- und leistungsbewussten Revolutionärseliten wurde in Berlin der Keim für die Entwicklung einer modernen Dienstleistungsgesellschaft gesät. Die Revolutionäre benötigten auf einmal renovierte Wohnungen, französischen Rotwein, Käse und Baguette, Szenerestaurants und Boutiquen, Fahrradgeschäfte und Citroënhändler.

In den 80er-Jahren unter dem damaligen Bürgermeister Richard von Weizsäcker wurde Berlin komplett renoviert und im Stile einer preußischen Nostalgie von Bürgerlichkeit mit Marmor, Schmiedeeisen und Granit restauriert.

Die billigen Mieten haben sogar die Wiedervereinigung überlebt und erst seit kurzer Zeit ziehen sie wirklich an und zwingen – wie in Köln, München und Hamburg – die ärmere Bevölkerung ins Pendlerdasein in den Retortensiedlungen und Reihenhausgaragen des Umlandes.

Damit werden die letzten Reste des Kiezes zerstört, der sozusagen als Dorf in der Stadt das einzige Modell für das Funktionieren nicht materieller Strukturen war. Die Kieze verkörperten ein anderes Berlin: Dort grüßte man sich, hielt ein Schwätzchen und organisierte viele Dinge des Alltags gemeinsam. Als Student und junger Familienvater habe ich Auf- und Niedergang des Kiezes rund um die Schloßstraße in Berlin-Charlottenburg erlebt. Mein Domizil war eine Fabriketage im zweiten Hinterhof eines Mietshauses. Meine Mitmieter begingen Selbstmord, kamen in die Nervenheilanstalt oder ins Gefängnis. Der immer freundlich grüßende, schnauzbärtige Buchhändler im ersten Stock war Berlins erster AIDS-Toter. Der türkische Jugendliche, der mit seiner alleinstehenden Mutter im zweiten Stock lebte, wurde wegen Totschlags zu sieben Jahren ohne Bewährung verurteilt. Im Laden des Vorderhauses lebte ein Künstler, der mit seiner Frau und seinen drei Söhnen Sozialhilfe bezog. Ich sah ihn nur gut gelaunt und hilfsbereit. Er war ein aus Spandau stammender Ur-Berliner mit einem großen Herzen. Wenn ich auf die Straße trat, kannten und grüßten mich alle Menschen: Die Boulespieler auf dem Kies des Weges in der Mitte der Schloßstraße, die Händler und Wirte, Studenten und Arbeiter. Als Jugendlicher habe ich in Schöneberg erlebt, dass ältere Männer meinen Freund und mich in jedem Lokal auf eine Runde einluden. Diese bestand in der Regel aus einem kleinen Bier und einem Korn. Ob im Sportcafé des Vfl Schöneberg, ob im Wedding, Kreuzberg oder in Charlottenburg: Das Einladen von Jugendlichen war eine verbreitete Sitte in Berlin.

Und auch eine andere Sitte war unter uns Jugendlichen verbreitet: Es zahlte stets der, der gerade Geld hatte. Es war auch üblich, sich unter Nachbarn oder Gästen in der Kneipe Geld zu leihen und anzuschreiben. Man konnte im Kiez seine Abende ganz ohne Geld verbringen. Als junger Anzeigenakquisiteur für die Berliner Stadtzeitung Zitty wurde ich von allen Wirten zum Essen und Trinken eingeladen. Costas, der legendäre Wirt des Terzo Mondo, servierte mir stets Schweinelende mit Backkartoffeln, dazu einen Blechkrug Retsina und danach einen Ouzo. Oft setzte er sich zu mir, um sich daran zu erfreuen, wie es mir schmeckte. Wenn eine Wohnung renoviert wurde, standen sofort freiwillige Helfer bereit. Es gab kaum eine Arbeit, die nicht kostenlos ausgeführt wurde. Selbst Handwerksmeister verzichteten oft auf ihr Honorar, wenn ihr Kunde – und das kam in Berlin fast täglich vor – gerade pleite war. Öfters erhielt ich auf der Straße zehn oder 20 Mark von einem Bekannten, der mich daran erinnerte, dass ich ihm diese ein Jahr zuvor geliehen hatte. Der Berliner Kiez der 70er-Jahre war ein Ort des Schenkens und des Beschenkt-Werdens. Der Berliner Senat hatte dies auch erkannt und es entwickelte sich eine besondere Idee zur Kinderbetreuung: Anstatt zentralisierte Kindergärten zu bauen, begann der Senat, Elterninitiativen zu finanzieren, die Ladengeschäfte anmieteten und in sogenannte Kinderläden umbauten. Unserer hieß »Kartoffelladen«, weil dort vorher Kartoffeln verkauft wurden. Wir stellten eine Erzieherin und eine Praktikantin ein. Der Senat bezuschusste alle Kosten zu 90 Prozent.

Was immer man im Charlottenburger Kiez brauchte – stets konnte es dort legal und oft auch illegal organisiert werden. Als der Künstler mit seinen Kindern aus der Ladenwohnung ausziehen musste, brauchte er dringend eine große Wohnung, die ihn als Mieter akzeptierte. Ich ging zur Wohnungsbaugesellschaft der Neuen Heimat, deren Hausverwalter im gleichen Block wie ich wohnte, und erklärte ihm, dass der Künstler an einem Modellversuch zur Reintegration in den Arbeitsmarkt teilnahm. Daraufhin wurde er auf der Warteliste für 5-Zimmer-Wohnungen auf den ersten Platz gesetzt. Bereits Wochen später bezog er die Wohnung. Seine Söhne haben übrigens alle Abitur gemacht und studieren. Wenn eine junge

Familie in Charlottenburg zum Sozialamt ging, dann wurden gegen Vorlage der Rechnungen alle Kosten für die Renovierung und Einrichtung der neuen Wohnung erstattet.

Es spielte deshalb im Kiez keine große Rolle, ob man sein bescheidenes Einkommen vom Sozialamt, von den Eltern oder aus Schwarzarbeit bezog. Wer dort lebte, gehörte zur Kiezgemeinschaft, egal, welcher Religion und Nationalität er angehörte oder welchen Beruf er ausübte. Selbst die tragischsten Schicksale – und denen begegnete man täglich vor der Haustür – erschienen im Kiez als Teile eines intakten Soziotopes, nicht als zu beseitigende Abweichung oder zu behebendes Elend.

Mit der Wiedervereinigung veränderte sich die Zusammensetzung der Kieze: Studenten hatten nun fertigstudiert und übernahmen die Praxen, Kanzleien und Büros ihrer Eltern in westdeutschen Mittelstädten. Ihre Studentenbuden wurden entweder saniert und an die neuen Regierungsangestellten und ihre Dienstleister verkauft, die in die neue Hauptstadt strömten, oder aber von ärmeren Familien bezogen. Auf einmal waren nun Ausländer, Arbeitslose, Kranke und Arme im Kiez unter sich. Ohne Künstler und Studenten, Architekten und Werber verschwanden die Boutiquen und Restaurants. Unser »Kartoffelladen« wurde zum Spielsalon. Drogeriemärkte und Ramschläden ersetzten die dänischen Designläden und französischen Bistros. Ein Großteil der zuweilen gewalttätigen Auseinandersetzungen im heutigen Berlin beruht nur auf dem Wandel der Kieze in beiden Stadtteilen. Kein postmoderner Sozialwohnungsblock am Stadtrand, kein Villenressort in Dahlem vermag es, das bunte Miteinander des Kiezes zu ersetzen. Die gewerkschaftseigene Neue Heimat wurde erst an einen Bäckereifabrikanten verscherbelt, dann als WIR-Wohnungsbaugesellschaft restrukturiert und ist nun Teil der Gewobag. Die Zeiten, in denen Kiezbewohner einander Sozialwohnungen vermitteln konnten, ist vorbei. Aber um ihre Wohnungen rund um die Schloßstraße in Charlottenburg zu vermieten und zu verkaufen, wirbt die Gewobag noch immer: »Die Kiezstruktur mit liebevoll restaurierten Läden, Restaurants, kleinen Cafés, einem Ziegenhof für die Kinder und auch dem Wochenmarkt verleiht dem Wohngebiet seinen eigenen Charme.«

Der Charme kam aber nie von der Restaurierung und dem Ziegenhof, sondern er wurde als Freundlichkeit, Hilfsbereitschaft, Vertrauen und Gastfreundschaft von den Bewohnern des Kiezes geschaffen. Will also eine Stadt ihr Sozialkapital erhalten, muss sie ihre Kieze pflegen, zur Not auch mit Mietsubventionen und Ansiedlungsprogrammen. Allerdings hat der Kiez dem Staat nie Kosten erspart, sondern seine Leistung bestand darin, die Zufriedenheit der Bewohner und Besucher zu erhöhen.

Der trügerische Erfolg des Social Web – oder:
Gebt uns unser Sozialkapital zurück!

Es vergeht kaum ein Tag, an dem in deutschen Medien nicht die Wundergeschichte vom arabischen Frühling gepredigt wird: Danach haben sich die Menschen über die Social Networks Facebook und Twitter zum friedlichen Sturz der Regierungen von Ägypten und Tunesien verabredet.

Geheimdienste, Präsidentengarde, Armee und Staatsrundfunk hatten diesen führungslosen, informellen Gemeinschaften nichts entgegenzusetzen. Sie flohen und lösten sich auf. Oder schlossen sich selbst der neuen Gemeinschaft an. Informell kann man die Gemeinschaften nennen, weil sie nur aus dem Austausch von Nachrichten bestehen. Sie haben keine niedergelegte Satzung, keine Mitgliederkartei, erheben keine Beiträge und veranstalten keine Generalversammlung. Ihr Kapital besteht aus den »Likes« auf Facebook und den Verlinkungen in Blogs und Medien. Verlage und Wirtschaftsunternehmen, Regierungen und Geheimdienste blicken seitdem ebenso fasziniert wie argwöhnisch auf diese nur schwer kontrollierbaren Meinungs- und Machtzentren. Manch einer mag sich fragen: Vielleicht könnte auch meine Regierung oder Firma so ganz schnell abgewählt werden und vom Fenster verschwinden? In Berlin hat eine sich unbeholfen »Piratenpartei« nennende Organisation die FDP, die Linkspartei und die Grünen geschlagen, in erster Linie mit den Mitteln der Information im Internet. Es nützte der FDP nichts, dass sie in Berlin eine seit Jahrzehnten eingeführte Marke war, dass sie tiefe Wurzeln im Westberliner Bürgertum hatte, dass ihr Kurs gegen den Eurorettungsschirm laut Umfragen von den meisten Wählern geteilt wird. Sie erreichte nicht einmal zwei Prozent. Eine informelle Gemeinschaft, die ausgerechnet die traditionellen FDP-Werte Meinungsfreiheit und Liberalität auf ihre Fahnen geschrieben hat, versenkte die Urliberalen. Doch der Sieg ist nicht nur ein Sieg um die Sympathie und Aufmerksamkeit des Publikums. Die FDP steht für die sie unterstützende Klientel als Garant für milliardenschwere Steuererleichterungen und Vergünstigungen. Seit Jahrzehnten konnten sich ihre Wähler sicher sein, nicht die für einen ausgeglichenen Staatshaushalt nötigen Steuern auf ihr Einkommen und Vermögen entrichten zu müssen, sondern stattdessen durch Ausnahmetatbestände Privatvermögen aufbauen zu können. Sie verlieren mit der FDP nicht ihre politisch-intellektuelle Artikulation in der Demokratie, sondern ihre Pfründen. Verständlich, dass sie nun nervös sind. In millionenteuren Anzeigenkampagnen im Internet werben die finanzkräftigen Organisationen und Institutionen wie die Initiative Neue Soziale Marktwirtschaft (INSM), die Bertelsmann Stiftung, die Banken und Versicherer sowie die Bundesregierung um die Mitglieder der informellen Gemeinschaften. Die ersten Ränge bei Google sind für viele Themen und Stichworte von gut besuchten Aktivistenseiten oder Wikipedia besetzt. Deshalb versuchen die etablierten Organisationen, mit Adwords das Publikumsinteresse wegzukaufen. Da das Geschäftsmodell von Google nicht in Information, sondern in bezahlter Werbung besteht, umrahmen nun die »Ads« die Inhalte der Aktivisten, Reformer und Revolutionäre. Ich habe es am eigenen Beispiel erlebt: Durch meine Veröffentlichungen und Aktionen zur Tilgung der deutschen Staatsschulden belege ich bei Google bei den Suchbegriffen »Tilgung« und »Staatsschulden« gleich mehrfach die vorderen Ränge. Da Google aber misst, wie häufig ein Inhalt verlinkt und geklickt wird, bleibt die Reihenfolge sehr lange konstant. Neue Besucher klicken eben zunächst die alten Top-Inhalte an. Ähnlich wie in einer Bestsellerliste ist auch das Google-Ranking zum großen Teil eine sich selbst erfüllende und ständig beweisende Prophezeiung. Da die Diskussion der Staatsverschuldung nun in allen Medien und Familien ein Dauerbrenner ist, ärgerten sich die INSM, die Bundesregierung und das Handelsblatt darüber, dass an der Stelle ihrer Behauptung zur angeblichen »Schuldenbremse« und Notwendigkeit der Bankenrettung der Artikel eines unbekannten Grassroot-Ökonomen stand. Da sie keine attraktiven eigenen Inhalte zum Thema im Internet haben, vor allem keine, die frei kommentiert werden dürfen, kauften sie einfach bei Google die Begriffe der Kombination Staatsschulden und Tilgung. Sie hoffen, dass ein Teil der Besucher daraufhin zu ihnen wechselt und dann feststellt, wie unsinnig und unqualifiziert die Tilgung der Staatsschulden ist. Nicht ohne Erfolg: Zahlreiche Kommentatoren wiederholen anonym unter meinen Artikeln oder in unserem Blog den Vorwurf, wer tilge, sei wahnsinnig und würde nichts vom Geldsystem verstehen, da es ohne Schulden auch kein Geld mehr gäbe. Es ist ihnen gelungen, eine informelle Gemeinschaft mit den Mitteln des Internets in Schach zu halten. Prompt eröffnete ein Redakteur der Financial Times Deutschland sein Interview mit unserem Tilger Jochen Hörisch mit dem Satz: »Herr Hörisch, sind Sie verrückt?«

Die öffentliche Meinung im Internet wird also nicht nur von Aktivisten, sondern natürlich ebenso von den Machthabern beeinflusst.

Über die Gruppierung Wikileaks war lange wenig bekannt – bis sie ein Video von einem Massaker amerikanischer Hubschrauberpiloten an unbewaffneten Zivilisten in Bagdad online stellte. Angeblich hat ein junger Soldat im Irak dieses Video und andere Dokumente auf den Server von Wikileaks geladen. Wenn man sich vorstellt, welche Milliardenbeträge das Heer der Mitarbeiter von CIA, FBI und des Heimatschutzministeriums, der US-Armee und der Propagandaabteilungen des US-Verteidigungs- und Außenministeriums zur Verfügung haben, dann klingt es unwahrscheinlich, dass eine informelle Gemeinschaft einfach so deren schmutzige Betriebsgeheimnisse bekannt machen kann. Wikileaks hat zusätzlich die Diplomatendepeschen veröffentlicht, konnte aber an seinen großen Erfolg nicht mehr anknüpfen. Julian Assange wurde unter merkwürdigen Umständen in Schweden angeklagt und floh nach Großbritannien. Die Wikileaks-Führung zerstritt sich. Große Kreditkartenfirmen sperrten die Konten für Wikileaks-Spender. Das Imperium hat zurückgeschlagen und Wikileaks zerstört.

Auch in Ägypten und Tunesien sind aus den Facebook-Oppositionellen keine Minister und Abteilungsleiter für Jugendpolitik geworden. Geschmeidig haben die alten Regimes ihre Diktatoren verjagt, um in alter Besatzung das neue Stück »Demokratie« zu geben, das sich westliche Geldgeber gerne einige Milliarden kosten lassen. Wir lernen: Die informellen Gemeinschaften können unter Ausnützung der Schnelligkeit des Informationsflusses im Internet zwischenzeitlich die Meinungsführerschaft erlangen. Aber sie müssen sie schnell wieder abgeben, wenn die Machthaber sie physisch jagen, ihnen den Geldhahn zudrehen und eigene, bezahlte Propagandainhalte die Informationen und Manifeste der Aktivisten von den ersten Google-Plätzen verdrängen. Im Grunde betreiben Google, Facebook und Twitter ein äußerst perfides Geschäft: Sie lassen zu, dass Aktivisten mit Enthüllungen und Informationen die Machthaber bloßstellen und angreifen. Dann rufen sie an und sagen: »Wir haben eine Kommunikationslösung, mit der du dieses Problem lösen kannst.« Diese heißt dann Adwords, eigene Facebook-Gruppe oder sehr oft bezahlte Poster und fanatische Claqueure. Provokant formuliert, funktioniert das Prinzip des privat finanzierten Social Web so wie die klassische Schutzgelderpressung: Drei Typen schlagen ein bisschen das Lokal kaputt und pöbeln die Gäste an. Zwei Tage später kommt ein gut gekleideter, freundlicher Mann und bietet höflich seine Dienste an, damit »so etwas« nicht wieder geschieht.

Mit ihrer Abhängigkeit von US-Konzernen wie Google, die – versteckt in Holdings im US-Bundesstaat Delaware nicht einmal ihre nationale Unternehmenssteuer entrichten – sind die informellen Gemeinschaften der Aktivisten ständig in Gefahr, mit den gleichen Mitteln ruiniert zu werden, mit denen sie ihre Erfolge erreichten. Karl Theodor zu Guttenberg hatte bei Facebook 500.000 Anhänger – erheblich mehr als Großkonzerne, führende Medien oder die Bundesregierung. Aber nicht einer von ihnen hat einen Finger gerührt, als er unter Schande gehen musste. Die Anhängerschaft im Web ist äußerst flüchtig und niemand kann auf sie bauen, wenn es ernst wird. Leicht überschätzen informelle Gemeinschaften ihren Einfluss und ihre Macht. Für die Betreiber des Billionengeschäftes Internet ist diese Flüchtigkeit und Fluktuation der Märkte, Mächte und Meinungen eher günstig: Mit jeder neuen Initiative, die kurzzeitig einen Erfolg feiern kann, mit jedem millionenfach geklickten YouTube-Video halten sie die Legende aufrecht, im Internet würde auf beiden Wegen kommuniziert. Das gerne geäußerte Glaubensbekenntnis »Content is king«, Inhalt ist König, täuscht darüber hinweg, dass die kostenlosen, aus Engagement und Begeisterung entstandenen Internetinhalte nur das Rahmenprogramm für den Verkauf von Werbeeinschaltungen und Nutzerdaten darstellen. Jeder Aktivist wird mit seinem Profil zur Zielgruppe des Marketings der Produkte und Dienste, die man ihm aufgrund seines Profils ohne Streuverlust anbieten kann. Ohne es zu wissen, ist er nur ein Konsument und Web-Junkie, der durch all die Geschichten, die rund um den arabischen Frühling und Wikileaks kursieren, den Eindruck bekommt, aktiver Teil einer revolutionären Weltverbesserungsgemeinschaft zu sein. Er ist das, was früher der »Marlboro-Mann« war: scheinbar ein genießender Individualist in der Wildnis. In Wirklichkeit war er ein dem Krebstod geweihter Junkie.

Der Reichtum der informellen Gemeinschaft, der Einsatz und die Passion ihrer Mitglieder, kommen dieser nie selbst zugute. Sie ist ja keine Aktiengesellschaft. Und so verschenken die informellen Gemeinschaften ihre Einschaltquote, ihren Markennamen und ihre Mitgliederkartei zuerst an Google, Facebook und Twitter, dann an Apple und Microsoft, schließlich noch an die Provider T-Com, 1+1 und Vodafone.

Sobald sie – wie Wikileaks – keinen Erfolg mehr haben, werden ihnen die Server gekündigt und ihre Domains verfallen. Sie haben ihren Freiwilligendienst in der Informationswirtschaft absolviert. Nun werden sie nicht mehr benötigt. Neue Initiativen stehen bereit, deren Platz und Marktanteile zu übernehmen.

Nur, wenn die informellen Gemeinschaften auch die Regierung und Verwaltung übernehmen, wird sich ihr kurzlebiger Medienerfolg in eine langfristige Transformation der Gesellschaft verwandeln. Dies ist nur mit konventionellen Mitteln wie Gesetzen und Budgethoheit möglich, nicht mit noch so vielen »Likes«. Wenn sie es sich dann – wie heute die Grünen – in den Sesseln der Macht bequem gemacht haben und auf ihre Pensionen warten, wenn alle ihre Aktivisten gut bezahlte Stellen und Honorarverträge haben, wird die nächste Generation informeller Gemeinschaften sie von den Futtertrögen vertreiben.

Es gibt eigentlich nur einen Weg, mit dem die informelle Gemeinschaft ihren Reichtum, ihre Vielfalt und ihre Eigenart erhalten kann: Sie muss außerhalb von Facebook und außerhalb der Regierung agieren. Sie erhält dann mit ihrer eigenen Webseite ihre Community und kommuniziert mit ihrer überschaubaren Mitgliederzahl. Es gibt Tausende von Blogs und informellen Gemeinschaften, die nie Medien und Menschenmassen erreichen. Aber auch deren Mitglieder sind Wähler und Konsumenten, potenzielle Demonstranten und Boykottierer. Sie stehen bereit, um im richtigen Moment eine neue Bewegung zu unterstützen. Oft reicht ein Link, um einem neuen Vorschlag oder einer Reform zu einem Millionenpublikum in Tausenden kleiner Webseiten zu verhelfen. Die informelle Gemeinschaft ist auch eine Form von Schwarmintelligenz. Die große Kunst aller Reformierer und Aktivisten besteht dann darin, dieses Netzwerk zu aktivieren und ihre Botschaft über die Netzwerke zu verbreiten. Damit aber sind die sozialen Netzwerke, große wie Facebook ebenso wie die kleinen, nicht Konkurrenten der etablierten Organisationen und Machteliten, sondern der Medien. Diese haben bereits jetzt weitgehende Verlinkungsverbote sowohl in der gedruckten wie in der Netzausgabe verhängt. Sie hoffen, ihre Meinungsmacht dadurch zu erhalten, dass eine kleine Zahl von Redakteuren ausgesuchte Informationen und Meinungen verbreitet. Die Unparteilichkeit wird dabei oft zum Geschäftsprinzip der Abschottung. Die Reformer und Aktivisten können nie erwarten, dass die Redakteure eine Mail beantworten, eine Pressemitteilung lesen oder gar zu den Seiten der Aktivisten verlinken. Dies aber freut die Machteliten, die über ihre bezahlten Kampagnen dafür sorgen, dass in den Medien allenfalls in der Kommentarfunktion eine Gegenöffentlichkeit entsteht. Das kuriose Ergebnis ist eine weitgehend parallele und identische Berichterstattung aller Medien, gedruckter wie Internetmedien. Die informellen Gemeinschaften dagegen bleiben eingesperrt in der meist konstanten Zahl ihrer Stammgäste. Die etablierten Medien erreichen viel heterogenere Zielgruppen. Damit haben ihre Nachrichten einen viel höheren Multiplikatoreffekt. Solange die Machteliten durch Werbebudgets dafür sorgen können, dass die Internetmedien nur von ihnen erwünschte Informationen verbreiten, gehen die informellen Gemeinschaften und ihre Webseiten in der Fülle der Internetangebote unter.

Dass aber auch ein etabliertes, ja im Internet führendes Informationsmedium mit Inhalten versorgt wird, die zuvor Aktivistenseiten vorbehalten waren, ist neu: Seit einiger Zeit bloggt Jakob Augstein, der Erbe des Spiegel-Verlages und Stiefsohn des Gründers Rudolf Augstein seine Kolumne »Im Zweifel links«.

Die sehr provokative Kolumne erreicht fantastische Klickzahlen und wird manchmal 1.400-mal bei Facebook empfohlen. Dies aber geht zulasten der Webseite vom »Freitag«, dem Alternativmedium im Internet, in dem die Leser selbst bloggen dürfen. Der Besitzer vom Freitag: Jakob Augstein. Der Erfolg des Kolumnisten Augstein in Deutschlands Medium Nummer eins korrespondiert mit dem Abstieg der von ihm begründeten informellen Gemeinschaft der »Freitag-Blogger«. Der Große frisst den Kleinen. Es ist nur eine Frage der Zeit, wann die Mainstream-Medien nicht mehr nur ihre Linienredakteure, sondern auch externe Aktivisten bloggen lassen. In den USA ist die Huffington Post damit zum führenden Meinungsmedium im Internet geworden. Wie Facebook verdienen sie am revolutionären Aktivistenraum, indem sie um die Blogs herum Werbung, Abos und Bezahlinhalte verkaufen.

Wo also auch immer informelle Gemeinschaften und ihre Initiatoren Erfolg im Internet haben – den finanziellen Gewinn daraus ziehen andere. Das Internet ist eine Bürgerinitiative, die im Auftrag und zum Nutzen der Informationsindustrie agiert. Ob die Klicks durch Pornografie oder Spam, durch arabischen Frühling, Wikileaks oder Tilgungsinitiativen erzeugt werden, ist den Betreibern egal. Diese Beliebigkeit hat zu einer bisher in Fernsehen, Büchern und Printmedien nie gekannten Meinungsfreiheit und auch Meinungsvielfalt geführt. Deren Endlosigkeit und Unübersichtlichkeit hat Informationslotsen wie Google, Telepolis und Spiegel-Online hervorgebracht, deren Spezialität darin besteht, im Web verlinkte und verlinkbare Inhalte kommerziell zu verwerten.

Deshalb werden Gemeinschaften, deren informeller Charakter sich noch auf persönliche Treffen, Broschüren und Rundbriefe stützt, zunehmend marginalisiert. Zumindest sind sie vor dem Schicksal von Wikileaks gesichert: Eine Rufmord- oder Anzeigenkampagne gegen sie im Internet würde wohl wirkungslos verpuffen, weil die Mitglieder sie gar nicht sehen.

Ihr Sozialkapital, das Millionen von Aktivisten an der Garderobe von Facebook und Twitter abgegeben haben, müssen sie nun mühsam zurückgewinnen. Nur über eigene Server, Webseiten und Redaktionen können sie vermeiden, dass ihre Stichwörter, Tags und Themen von Inserenten aufgekauft werden. Sie freuen sich über die Verbreitung ihrer Botschaft, obwohl diese Verbreitung nur Teil einer Klickmaschine ist. In der politischen Wirklichkeit hat sich jedoch nichts verändert: Nicht Klicks und Facebook-Gruppen, Klüngel und Koalitionen machen die Macht im Staat unter sich aus. Das Social Web ist dabei allenfalls ein Meinungsbarometer, also eine gigantische Leserbriefseite.

Sozialkapital würde im Web erst entstehen, wenn aus dem Anklicken von Inhalten tatsächliche soziale Aktionen würden, die außerhalb des Webs stattfinden – wobei wir wieder zum arabischen Frühling zurückgekehrt wären. Im arabischen Sommer und Herbst allerdings verliefen sich die Mitglieder der informellen Gemeinschaft wieder. Statt ihre Länder zu gestalten und zu regieren, sind sie ehrenamtliche Chronisten eines Lehrbeispiels für Social Web geworden.

Warum Gemeinschaften sich selbst und uns etwas vorspielen

Es gibt Gemeinschaften, deren Mitglieder untereinander missgünstig und unfair, unfreundlich und herzlos sind. Sobald aber ein Fremder auftaucht, überbieten sie sich in Freundlichkeiten, Komplimenten und Geschenken. Dieser Effekt kann auch bei Familienmitgliedern beobachtet werden. So können Kinder zu Hause frech und unverschämt auftreten. Sobald sie aber in Kindergarten, Schule und sonstwo im öffentlichen Raum auflaufen, bekommen sie reihenweise Komplimente für ihr wohlerzogenes Verhalten. Bereits ganz früh lernen wir, dass das Verhalten in der engeren Familie nach völlig anderen Regeln abläuft als das in Öffentlichkeit und Gemeinschaft. In der Familie sind eine Ohrfeige, ein zerbrochener Spiegel und ein böses Schimpfwort eine geduldete Eskalation. Im öffentlichen Raum sind sie strafwürdige Delikte. Es gehört nicht viel Fantasie dazu, sich vorzustellen, dass jede Gemeinschaft zwei Gesichter hat, eines nach innen und eines nach außen. Ich habe über 20 Jahre in einem Bauerndorf auf einem Bauernhof gelebt. Meine Nachbarn waren derart verfeindet, dass sie bereits seit Generationen kein Wort mehr miteinander sprachen. Sie besuchten sich weder gegenseitig noch halfen sie sich bei der Ernte oder beim Stallbau. Selbst ihre Kinder spielten nicht zusammen. Wenn aber ein fremder Spaziergänger oder Radfahrer an ihrem Hof vorbeischaute, tischten sie sofort Kuchen oder ein Bier auf. Mit strahlenden, gesunden Gesichtern spielten sie dem Fremden das Stück von der Ruhe, Harmonie und Besinnlichkeit des einfachen Lebens im Rhythmus der Jahreszeiten vor. Dieser bekam so den Eindruck, die oberbayerischen Bilderbuchbauernhöfe mit ihrem Blumenschmuck stünden für die Pflege wertvollster sozialer Werte. Wenn man dann noch beim Dorffest sah, wie alle in schmucker Tracht die Dorfgemeinschaft aufleben ließen, kam für nicht wenige Städter und Vorstädter das Gefühl auf, etwas Wesentliches im Leben zu versäumen. Viele Bauernfamilien um uns Zuzügler herum hatten ein Kind durch Krebs, Selbstmord oder Verkehrsunfall verloren. An den Straßenrändern mahnen Kreuze und Kerzen an die zahlreichen Verkehrstoten. Ich musste zusehen, wie fast die gesamte Familie meiner Lieblingsbauernwirtschaft in kurzer Zeit durch Krebs dahingerafft wurde. Im Nachbardorf starben sehr jung der Vorsitzende der bayerischen Grünen Sepp Daxenberger und seine Frau an Krebs. Manchmal saß ich bei ihm auf der Terrasse, wenn ich mit dem Fahrrad an seinem Weiler vorbeifuhr.

In der Gemeinschaft lässt sich niemand gerne sein persönliches Leid anmerken. Sie ist vielmehr ein Ort des geplanten Auftritts mit Drehbuch und Maske. Die Gemeinschaft spielt sich selbst und ihren Gäste etwas vor. Sie belügt sich selbst, weil der Zwist und das Elend sonst nur schwer erträglich wären. Sie benötigt die Fremden als Zeugen dafür, dass es eigentlich gar nicht so schlimm ist, deren Komplimente für das ursprüngliche Landleben sind Balsam auf den offenen Wunden. Das Ergebnis ist ein Missverständnis namens Tourismus: In der fälschlichen Annahme, wir könnten uns in einer freundlicheren und harmonischeren Gemeinschaft besser vom Alltagsstress erholen, reisen wir in umbrische Dörfer und französische Kleinstädte, wandern wir durch pyrenäische Bauernlandschaften und mieten ein Haus auf einer griechischen oder kroatischen Insel.

Es scheint, als bedeute der Fremdenverkehr tatsächlich eine Win-win-Situation: Wir bekommen die erhoffte Erholung, die Einheimischen die Bestätigung, dass ihr oftmals schweres Leben doch noch lebenswert ist. Am Montag gehen wir alle wieder zur Arbeit – bis wir die nächste Dosis an Illusion benötigen.

Längst gibt es ganze Städte – etwa die bayerische Landeshauptstadt München –, deren Bewohner ausgerechnet am Wochenende die eigene Gemeinschaft verlassen, um als Gäste im Alpenvorland, in Österreich, Südtirol und natürlich in ihren Heimatorten von Schwaben bis Oberfranken ein Gemeinschaftserlebnis zu suchen. München ist am Wochenende von den Einwohnern oft verlassen. Nur die ausländischen Touristen verlieren sich in der Altstadt, ohne dass sie einem Münchner oder einer Münchnerin begegnen könnten. Vielleicht ist dieses Bild ein bisschen übertrieben, aber wer in der Woche in München arbeitet und lebt, dem könnte die große Aggressivität auffallen, mit der Münchner miteinander umgehen. An jeder Ecke wird man angehupt oder von Radfahrern bedrängt. Es ist fast völlig unmöglich, als Fremder von einem Einheimischen etwas über die Stadt zu erfahren oder eingeladen zu werden. München ist für Fremde eine von Schauspielern und Dienstleistern betriebene Kulisse. Als im Juni 2011 eine Umfrage veranstaltet wurde, in der die Bewohner Münchens und anderer bayerischer Gemeinden das Sozialklima in ihrem Ort auf einer Skala von 1 (ausgezeichnet) bis 10 (unbefriedigend) bewerten konnten, blieb von der selbst ernannten »Weltstadt mit Herz« nicht mehr viel übrig. Die viel gerühmten In- und Nobelbezirke Grünwald, Bogenhausen, Nymphenburg und Schwabing belegten in Sachen Sozialklima die letzten Plätze. Auf Platz eins dagegen landeten der an der Autobahn gelegene Vorort Aschheim, das zersiedelte Pasing sowie das schwäbische Neu-Ulm.

So bewerteten Münchner und Bayern das Sozialklima vor Ort:

Wie bewerten Sie das soziale Klima in Ihrem Wohnort?

Bewertung	Ort (M = München)
1	Aschheim (M), Pasing (M), Jengen, Neu-Ulm
2	Marktoberdorf, Laim (M), Obersendling (M), Obergiesing (M)
3	Tutzing, Nürnberg, Oberasbach, Moosach (M), Lindau, Aubing (M), Ramersdorf-Perlach (M), Milbertshofen (M), Obergiesing (M), Hadern (M), Würzburg, Weißenburg
4	Augsburg, Bamberg, Lindberg, Lindau, Maxvorstadt (M), Trudering (M)
5	Moosach (M)
6	Ravensburg, Grünwald, Germering, Bernau
7	Moosach (M), Au (M)
8	Schwabing-West (M), Taufkirchen, Karlsfeld, Schwanthalerhöhe (M)
9	Neuhausen-Nymphenburg (M)
10	Mengkofen, Tittling, Sendling (M), Schwabing/Freimann (M), Bogenhausen (M)

(1 ausgezeichnet bis 10 unbefriedigend)
Quelle: Deutscher Sozialklimaindex (2011), Basel Institute of Commons and Economics

Diese Aufstellung wird gewiss Widerspruch erzeugen, zumal die Fallzahlen sicher zu gering sind, um daraus Allgemeinaussagen abzuleiten. Eines aber zeigen sie deutlich: Selbst- und Fremdbild von Gemeinschaften unterscheiden sich so stark, dass man eigentlich von zwei Gemeinschaften sprechen müsste.

Die Bewohner pendeln also ständig zwischen zwei Rollen und müssen diese sorgfältig trennen. Tiroler Tourismuspsychologen haben Depressionen, Scheidungen und Drogenmissbrauch bei Beschäftigten im Tourismus bis hin zum wohlhabenden Hotelier als Folgen diagnostiziert. Allerdings beruht auch das Spielen der heilen Welt auf einem großen Missverständnis: Nicht die fremden Gäste erwarten die Simulation – sie suchen ja das Echte –, sondern die Simulation hat eine therapeutische Funktion in der Gemeinschaft, indem sie ihren Mitgliedern eine Bestätigung gibt, die sie aufgrund fehlenden Selbstwertgefühles vermissen. Tourismus ist in seiner härtesten Form des Ganzjahrestourismus ein täglich veranstaltetes Dorffest. Bald kann kein Besucher, aber auch kein Einheimischer mehr unterscheiden, was Original und was Fälschung ist. Mir hat einmal ein mallorquinischer Fischersohn in einem kleinen Fischerdorf, der in einer Umweltschutzinitiative mitarbeitet, etwas betrübt an einem kalten Osterwochenende offenbart: »Du wohnst jetzt im Haus meines Vaters, der Kapitän war. Es ist kalt und arm. Mallorca hat keine Kultur und keine Tradition gehabt. Es war nur kalt und arm.« Er zeigte mir in den steinübersäten Hügeln die einzigen Monumente der mallorquinischen Geschichte, die Talayot, rätselhafte und verfallene Steintürme, die einst als Ausgucke in Erwartung von fremden Eroberern oder als Hotels für Touristen aus der himmlischen Götterwelt gedient haben mögen. Mallorca hat, wie die kanarischen Inseln, möglicherweise gar kein Innen gehabt. Alles, was heute als mallorquinisch gerühmt wird, wird deshalb von den Fremden definiert. Die Insel ist nur noch das, was der Tourismus aus ihr gemacht hat: Deutschlands siebzehntes Bundesland. Übrigens sind die wenigen, nicht aus Spanien eingewanderten Mallorquiner durchaus freundlich und sogar gastfreundlich. Sie sehen die Begegnung mit Fremden als Inspirationsquelle für ihre Selbstdefinition an. Der Fremde zwingt sie dazu, die Frage »Wer bin ich?« zu beantworten; eine Frage, die nur sehr selten und unter besonderen Umständen gestellt wird. Der echte Mallorquiner ist übrigens nur an einem Merkmal erkennbar: Er hat Zeit. Wenn Sie also im geschäftigen Mallorca einen Menschen sehen, der einfach so herumsitzt oder herumsteht – sprechen Sie ihn an. Es könnte der erhoffte, letzte Einheimische sein.

Ein neapolitanischer Restaurantbesitzer wurde vor Kurzem gefragt, warum er den Messerschleifer beauftragte, der mit seinem Fahrrad die Restaurants abklapperte. Heute gebe es doch elektrische Messerschleifer. Der Wirt antwortete: »Wissen Sie, es geht einfach um leben und um leben lassen.«

Wir können uns vorstellen, dass er stolz war, den Messerschleifer zu beauftragen und dadurch sogar seine Lebensphilosophie zu entdecken. Was wir von Gemeinschaften erfahren, wenn wir Reiseberichte lesen und als Gäste durch die Gassen streunen, ist nicht einfach dort vorhanden. Es wird oft erst erzeugt und hervorgeholt, wenn wir vorübergehen. Auch dieses Lächeln und diese Einladung sind original. Sie sind aber nicht das originale Merkmal dieser Gemeinschaft, sondern die Reaktion auf die Begegnung mit uns. Selbst die bunte Tracht, in der ich kürzlich noch eine alte Bäuerin auf der kroatischen Insel Suzak in einer Gasse aufstöberte, war ein Dialogangebot, ihren Sinn und ihre Geschichte zu erzählen. Ohne Tracht, in einem ganz gewöhnlichen Arbeitskittel, würde diese Frage möglicherweise gar nicht gestellt. Nachdem die jungen Frauen Suzak verlassen hatten, blieben die alten Frauen in ihrer Tracht zurück.

Die pittoresken Fischerhäuser am Hafen werden nicht von Ortsansässigen restauriert, sondern zum Beispiel von einem slowenischen Ingenieur. Der steht mit seinem Sohn auf der Baustelle und bekundet: »Ich weiß, dass das Haus viel komfortabler und in keiner Hinsicht original sein wird. Ich hebe jetzt erst mal die Decke um 50 Zentimeter an.«

Denn das Original, das wissen wir nun, war arm und kalt, zerstritten und traurig. Wir würden es um keinen Preis bewohnen oder gar besitzen wollen.

Warum Gemeinschaften in der Not nicht zusammen- halten – das Beispiel Südafrika

Sven Lorig, Moderator des ARD-Morgenmagazins, blickte mich hoffnungsvoll an: »Müssten wir nicht viel mehr Not spüren, damit wir bereit sind, unser Vermögen zur Tilgung der Staatsschulden abzugeben?« »Nein«, antwortete ich, »Not führt zu gar nichts. Außer zu Krieg und Bürgerkrieg.«

Not hält zusammen – diese Weisheit haben wir von unseren Eltern und Großeltern auf unseren Weg in eine notfreie Zeit mit- bekommen. Ob sie stimmt, können wir zum Glück nicht überprü- fen, da uns die Not von Krieg, Hunger und Naturkatastrophen völlig fremd und meistens unbekannt ist. Allerdings sind unsere Medien täglich überwiegend mit Nachrichten von der Notfront gefüllt, so dass wir doch im Laufe der Jahre die Ergebnisse von chronischer Not zur Kenntnis nehmen können.

Die Bürger vieler Staaten leben fast seit Menschengedenken, zumindest aber seit Jahrzehnten in andauernder Not. Afghanen. Inder. Iraker. Russen. Kolumbianer. Mexikaner. Amerikaner in L.A. und Detroit. Nordkoreaner. Syrer. Palästinenser. Fast alle Afri- kaner. Die Not ist leider eine denkbar schlechte Erzieherin. Das rohstoffreiche und klimatisch begünstigte Südafrika hat seit 1994 eine nobelpreisgekürte Demokratie. Aber Armut und Gewalt ma- chen ein friedlich-ziviles Leben für Besucher wie Einheimische zur seltenen Ausnahme. Eine milliardenteure, sinnlose Fußballwelt- meisterschaft hinterließ nur teure Bauruinen und leere Kassen. Wenige Gemeinschaften der Welt mit vergleichbaren Ausgangs- bedingungen sind in einem ähnlich desolaten Zustand. Die zu- mindest in Militärdingen finanzkräftige Völkergemeinschaft führt aber lieber sinnlose Kriege im Irak, in Afghanistan und Libyen, an- statt das chancenreichste afrikanische Land aufzubauen. Seit dem

Ende der Apartheid 1994 wagt es kein westlicher Politiker, etwas zum Zustand Südafrikas zu sagen.

Nur selten kommt Südafrika in den Nachrichten vor, obwohl dort mehr Morde geschehen als in ganz Europa. Obwohl am Kap ganze Heere von Weltbankberatern, Entwicklungsexperten und Stiftungen in den Townships von Johannesburg Aidsaufklärung betreiben, hat Südafrika weltweit die meisten Aidskranken. Dabei gibt es in Südafrika genug Universitäten und Hilfsorganisationen, Sozialarbeiter und Krankenschwestern. Wie Deutschland die Wiedervereinigung, hat Südafrika mit dem Ende der Apartheid eine Art Wiedervereinigung mit anschließender Aussöhnung erlebt, die die ganze Welt mitriss. Die bunte Multikulti-Kultur Südafrikas mit Indern, Holländern, Zulus, Deutschen und Einwanderern aus nahezu allen Staaten der Welt ist beliebt und wird in ungezählten Fotoreportagen und Dokumentarfilmen gerühmt.

Wenn die Not ein guter Lehrmeister wäre – sie hätte im bunten und oft auch lebensfrohen Südafrika ihren gelehrigsten Schüler.

Raymond Parson ist Ökonom und Vorstandsvorsitzender der Beraterfirma Business Unit South Africa. In einem Beitrag für die südafrikanische Zeitschrift Business Day schildert er das seiner Ansicht nach größte Hindernis für Wohlstand und Aufschwung in Südafrika: »Der Schlüssel für das Geschäftsvertrauen ist die Glaubwürdigkeit und Stimmigkeit der Politik.« In Südafrika steht Korruption auf der Tagesordnung. Der Bürgermeister der Hauptstadt Pretoria wird gerade angeklagt. Professor Parson, der auch schon Geschäftsführer des südafrikanischen Unternehmerverbandes war, hält die Probleme Südafrikas für Probleme des richtigen politischen Handelns – und damit der Wahl und Beratung qualifizierter Entscheider. Diese Ansicht ist unter Ökonomen weitverbreitet. Die Wirtschaft strebt deshalb danach, die Wirtschaftspolitik weitgehend zu beeinflussen, etwa durch die Forderung nach hohen Subventionen und niedrigen Steuern. Eine Gruppe fehlt aber in Parsons Analyse: die Bevölkerung.

Anstatt den Kontakt mit der Bevölkerung zu suchen, adressiert sich Parson nur an die Politik. Da der African National Congress (ANC) fast eine Zweidrittelmehrheit der überwiegend schwarzen Wählerstimmen auf sich vereint, ist die Politikbeeinflussung zur letzten und einzigen Option geworden. In Südafrika ringen Wirtschaft und Politik um Einfluss und Pfründe. Die Bevölkerung existiert für beide nicht. Obwohl ein großer Teil der 50 Millionen Südafrikaner in Armut und Gewalt lebt, geht es der politischen und wirtschaftlichen Klasse von Südafrika extrem gut. Sie kann aus der nach wie vor sehr erfolgreichen Hebung und Weiterverarbeitung von Rohstoffen hohe Profite ziehen. Chauffeure und Dienstmädchen sind Standard. Manager und Politiker leben in Compounds, eigenen von Wachleuten und Polizei gesicherten Ressorts, in denen es Schulen, Supermärkte und Kinos gibt. Die ökonomische Apartheid hat die rassische Apartheid abgelöst. Die schwarze, südafrikanische Führungsschicht identifiziert sich völlig mit abstrakten Wirtschaftswachstumszahlen und ignoriert die großen sozialen Probleme. Gefragt, wie sie Südafrikas Zukunft sehe, antwortete die ehemalige IBM-Marketingleiterin und südafrikanische Diplomatin Mathula Magubane: »Wir haben einen Anteil von rund 40 Prozent des BIP von Afrika insgesamt. Unser Land war immer das Kraftwerk des Kontinents, und ich bin sicher, wir werden diese Position auch weiterhin behaupten.«

Als Ziele nennt sie eine afrikanische Freihandelszone und die Ansiedlung von ausländischen Konzernen sowie das Einkaufen von technischem Know-how. Kein Wort davon, dass kürzlich Human Rights Watch von den unmenschlichen Arbeitsbedingungen der Landarbeiter ausgerechnet in der international renommierten südafrikanischen Weinwirtschaft berichtete. Diese ist Weltmarktführer im Fair-Trade-Segment. Der ehemalige Präsident Südafrikas, Willem de Klerk, der einst selbst freiwillig die Apartheid abschaffte und Wahlen zuließ, sagte der Frankfurter Allgemeinen auf die Frage nach seiner heutigen Einschätzung von Südafrika dreist: »Südafrika kann trotz aller Rückschläge als Vorbild betrachtet werden. (…) Es ist ein Modell für andere.«

Nach Schätzungen sind 20 Prozent der südafrikanischen Bevölkerung mit AIDS infiziert.

Zehn Millionen Menschen. Mit 125 Morden je 100.000 Einwohner führt Südafrika die Weltkriminalitätsstatistik an. Fast 200.000 Südafrikaner sitzen im Gefängnis. 2007 endlich ließ die südafrikanische Regierung vom Centre for the Study of Violence and Reconciliation eine Studie durchführen, deren Konsequenzen 2010 unter dem Titel »Warum Südafrika so gewalttätig ist und was wir daraufhin tun sollen« veröffentlicht wurde. Als ersten Grund führten die Autoren Waffenbesitz und die kriminelle Subkultur in den Townships an. Auf Platz zwei lagen Ungleichheit, Arbeitslosigkeit und sozialer Ausschluss. Beides könnte die finanzstarke Regierung von Südafrika ändern. Durch ein Verbot von Waffenbesitz. Durch hohe Abgaben auf in Südafrika geförderte Rohstoffe. Der US-Bundesstaat Alaska hat – nachdem er feststellte, dass die die Rohstoffe von Alaska ausbeutenden US-Konzerne fast keine Steuern bezahlten – eine Sonderabgabe auf Rohstoffe beschlossen. Diese geht nicht in den Haushalt des Bundesstaates, sondern in einen Fonds, der auf den Kapitalmärkten investiert. Die Gewinne aus diesem Fonds werden für einen für die USA ungewöhnlichen Zweck verwendet: für die Auszahlung eines bedingungslosen Grundeinkommens. Verglichen mit Südafrika, aber auch mit anderen Flächenstaaten der Rest-USA, hat Alaska daher eine sehr geringe Kriminalitätsrate.

Die Südafrikaner könnten mit einem Waffenverbot und einer Rohstoffabgabe beginnen, ihr Land zunächst sicher zu machen. Dann ist es nur eine Frage der Zeit, wann Biobauern und Industrielle, Hoteliers und Handwerker aus Europa sich wieder auf den Weg in das schöne Land an der Spitze Afrikas machen werden. Die von vielen Besitzern fluchtartig verlassenen Landhäuser an der legendären Garden Route könnten dann wieder bewohnt werden.

Aber Not ist auch ein existenzielles Wahrnehmungsproblem. So erklärte der Präsident von Südafrika, Jacob Zuma, das Problem der Kriminalität werde nur von den Medien aufgebauscht. Es gehört zur Identität des neuen Südafrikas seit 1994, dass es eine aufstrebende und prosperierende Wirtschaftsmacht ist. Deshalb darf die Not, unter der ja auch in der Zeit der Apartheid der Großteil der Bevölkerung litt, nicht existieren. Sie scheint den Sinn der Mission und das Erbe von Nelson Mandela zu widerlegen. Ähnliche Reaktionen kann man in Russland und Brasilien beobachten. Auch dort wird das Land auf Kosten der großen Mehrheit der Bevölkerung von Oligarchen in Kooperation mit korrupten Politikern ausgesaugt. Aber selbst in Sao Paolo gibt es inzwischen die *Bolsa*, eine Art bedingungsloses Grundeinkommen, dass durch eine Finanztransaktionssteuer finanziert wird.

Die weitverbreitete Ansicht, eine Bevölkerung, der es schlecht geht, werde schließlich um ihre Not zu beheben das Regime stürzen, wird leider oft widerlegt. Die Not der Bevölkerung bleibt stumm und ohne Auswirkung, solange die Herrschenden in Ressorts und Privatflugzeugen ein völlig von der Bevölkerung isoliertes Leben führen. Im dicht besiedelten Europa ist es kaum möglich, sich derart abzuschotten. Selbst Silvio Berlusconi muss sein sardisches Ressort zum Regieren in Richtung anarchischem Rom verlassen. Die Bevölkerung hat eine jahrhundertelange Erfahrung mit passivem und aktivem Widerstand. Wo immer Berlusconi hinfährt, erwarten ihn Pfiffe, Buhrufe, Transparente und zuweilen auch Schläge.

Not erzeugt keinen Zusammenhalt, sondern aktiviert allenfalls einen bereits bestehenden Zusammenhalt der Gemeinschaft. Die Gruppen der südafrikanischen Gesellschaft, Holländer, Engländer, Inder, Deutsche und die vielen schwarzen Stämme, sind – im Gegensatz zu den New Yorkern – nie ein kooperierender Melting Pot, ein Schmelztiegel geworden. Der ANC, der ursprünglich nicht nur die Apartheid, sondern auch die extreme soziale Ungleichheit überwinden wollte, hat letztlich nur seine eigenen Funktionäre in Machtpositionen gebracht. In der südafrikanischen Polizei verdient ein Bezirkspolizeidirektor das 15-Fache eines einfachen Streifenpolizisten. In Deutschland höchstens das Dreifache. Die soziale Ungleichheit in Südafrika wird auch innerhalb des ANC, der übrigens die staatlichen Gehälter festlegt, in kolonialer Tradition praktiziert. Ein deutscher Parlamentarier verdient etwa das Doppelte des deutschen Durchschnittseinkommens. Das südafrikanische Durchschnittseinkommen beträgt 2.335 Euro – *im Jahr.* Natürlich wird offiziell nirgendwo bekannt gegeben, was Abgeordnete des ANC verdienen; im Schnitt sind es 30.000 Rand, etwa 2.700 Euro – *im Monat.*

Reicht es also, sich den Abstand der Einkommen anzusehen, um zu beurteilen, ob die Menschen in der Not zusammenhalten werden? Die Griechen, bei denen die Einkommen relativ gleich verteilt waren, können immerhin Generalstreiks organisieren, an denen sich vom Fluglotsen bis zum Fährmatrosen, vom Finanzbeamten bis zum Müllmann alle Berufe beteiligen. Dies spräche dafür, dass von den Griechen noch einiges zur Überwindung der Schuldenkrise zu erwarten ist. Die wirklich großen Wohlstandsabflüsse finden in anderen Staaten statt:

Failed States
Diese Staaten sind die großen Verlierer der Globalisierung

Rang	Name	Anteil BSP in %	Abweichung BSP/ Reichtum in %	Anteil Reichtum in %
1	Russland	2,41	−75,10	0,60
2	Ukraine	0,20	−75,00	0,05
3	Venezuela	0,48	−70,83	0,14
4	Saudi-Arabien	0,70	−68,57	0,22
5	Iran	0,57	−64,91	0,20
6	Türkei	1,20	−48,33	0,62
7	Philippinen	0,29	−48,28	0,15
8	Brasilien	3,09	−45,63	1,68
9	Mexiko	1,62	−44,44	0,90
10	Südafrika	0,53	−30,19	0,37

Quelle: Gewinner und Verlierer des Welthandels, Basel Institute of Commons and Economics

Dabei wird der Anteil, den ein Land am Weltbruttosozialprodukt hat, mit seinem Anteil am Weltreichtum verglichen. Je größer die Abweichung ist (mittlere Spalte der Tabelle), desto größer sind die Wohlstandsabflüsse.

Die Griechen haben übrigens ein sehr ausgeglichenes Verhältnis von ihrem Anteil am Welthandel und am Weltvermögen. Den Südafrikanern geht dank der korrupten ANC-Regierung seit Jahrzehnten ein Großteil der erwirtschafteten Überschüsse verloren. Es ist kein Zufall, dass unter den Verliererstaaten der Weltwirtschaft überwiegend Rohstofferzeuger sind: Die dortigen Eliten begnügen sich damit, ihre Provisionen auf Auslandskonten zu bringen und den Export der Rohstoffe weitgehend unbesteuert zu lassen. Die Bevölkerung lebt in Not, wird aber mit nationalen Erfolgsmeldungen bei der Stange gehalten. Nicht nur Südafrikaner, auch Venezolaner, Russen, Brasilianer, Iraner und Saudis sind stolz, zu den scheinbar weltpolitisch einflussreichen, großen Wachstumsländern zu zählen.

Die Not der Südafrikaner interessiert seit 1994 international niemanden mehr. Sie können auf keinen Beistand internationaler Organisationen hoffen, denn in deren Führungsgremien sitzen ja die arroganten und weltgewandten Vertreter des regierenden ANC. Sie werden erst dann auf die Beine kommen, wenn sie ANC und Konzerne von den Rohstoffmonopolen vertreiben und als gleichberechtigte Bürger die Kontrolle über ihr eigenes Land zurückerhalten.

Südafrika ist eigentlich reif für eine zweite Revolution. Allerdings ist deren Organisation relativ unwahrscheinlich, denn die Südafrikaner halten eben in der Not nicht zusammen. Darauf konnten die Konzerne während der Apartheid und nun unter dem korrupten Regime des ANC bauen.

Ob sich der ANC einmal daran erinnert, dass es nur durch das einst von ihm aktivierte Sozialkapital in Form von Solidarität und Hilfsbereitschaft möglich war, das Apartheidsregime zu stürzen?

Sind Gruppen, die zusammenhalten, erfolgloser?

Gemeinsam sind wir stark! – unter diesem Motto werden seit Jahrhunderten Gruppen gegründet und geführt. Die Botschaft klingt so logisch und naturgegeben, dass sie nie hinterfragt wird. Wenn Gruppen Misserfolge haben, dann steht ihre innere Zerstrittenheit immer ganz oben auf der Liste der Gründe. Die meisten Gruppen versuchen deshalb, sich über Embleme und Fahnen, Verpflichtungen und Veranstaltungen als Siegerteam zu positionieren, in der Hoffnung, mit ihren Schwüren und Gruppenmantras ganz oben anzukommen.

Sehen wir uns doch einmal einige Gruppen und deren Erfolge an, um zu beurteilen, ob der Zusammenhalt von Gruppen diese tatsächlich erfolgreicher macht. Der italienische Unternehmerverband Confesercenti veröffentlichte einmal eine Studie über die Umsätze der italienischen Mafia. Immer wieder erscheinen fantastische Zahlen darüber, dass in Italien bis zu sieben Prozent des Bruttosozialproduktes von der Mafia erwirtschaftet werden. Wir dürfen annehmen, dass die Unterorganisationen der 'Ndrangheta, der Camorra und der Mafia in besonderem Ausmaß den Gruppenzusammenhalt fördern. Das Bild, das man in der Öffentlichkeit von der Mafia hat, besteht zuerst aus deren innerer Gruppenstruktur, in der Verrat und Treue, Vertrauen und Misstrauen einen Großteil der Gruppenkräfte binden. Man bekommt den Eindruck, die Mafia habe in erster Linie mit ihrer eigenen Organisation zu tun. Wenn es dann um die Geldquellen und den wirtschaftlichen Betrieb geht, wird immer wieder erwähnt, dass das Geld der Mafia aus Waffen- und Drogenhandel, Schutzgelderpressung und Prostitution stamme, und dann im zweiten Schritt in legalen Unternehmen wie Restaurants, Transport- und Bauunternehmen gewaschen werde.

Der italienische Unternehmerverband nun schätzte die Gesamt-
einnahmen aus der Schutzgelderpressung in Italien im Jahre 2008
auf 250 Millionen Euro. Nicht, dass man Schutzgelderpressung für
ein Kavaliersdelikt hielte, aber wenn man weiß, dass die Stadtwerke
Hannover im Jahre 2009 einen Umsatz von 2,8 Milliarden Euro
machten, ein Umsatz von 250 Millionen Euro damit in der Größen-
ordnung des Umsatzes von Stadtwerken wie denen von Trier liegt,
relativiert sich das ein bisschen.

Wer sich nur ein wenig mit Wirtschaft und Profitabilität beschäftigt, wird sich eher wundern, dass eine derart gut organisierte
Gruppe nicht höhere Einnahmen generiert. Auch Transport- und
Bauunternehmen sowie Hotels und Restaurants gelten nicht als besonders erfolgsträchtige Teile der Wirtschaft, sondern eher als ständig insolvenzgefährdet. Kurz gesagt: Nicht nur das traditionelle
Stammgeschäft der Mafia ist eher mau, auch ihr angebliches Invest-
ment in andere Branchen geht in Betriebe, wo Konkurrenzdruck,
Niedriglöhne und Konjunkturrückgänge das Wirtschaften zu einem
aussichtslosen »Rat Race« machen. Geld wird in Deutschland wo-
anders verdient: In der Industrie, etwa Pharma und Chemie, in der
Medizin und den mit ihr verbundenen Branchen, in der Informa-
tionstechnologie und in Teilen der Finanzindustrie.

Bei nüchterner wirtschaftlicher Betrachtung kann man das Geschäftsmodell der Mafia eigentlich kaum als erfolgreich bezeichnen.
Die Mafiosi unterhalten demnach eine hochkomplexe Gruppenstruktur, mit extremen Risiken für Anführer wie Mitläufer, ohne
langfristig dafür besondere Wertschöpfung und Vermögensaufbau
erwarten zu können. Damit stellt sich die Frage, ob die Mafia nicht
vielmehr nur noch eine Organisation mit einem inneren Selbst-
zweck ist als eine kriminelle Vereinigung zur Erzielung maximaler
Profite. Ja, es stellt sich die Frage, ob nicht gerade die Morde und
Gewaltmaßnahmen in der Gruppe Folge der wirtschaftlichen Erfolglosigkeit sind. Gerade Italiener sind nämlich traditionell sehr
friedlich und lieben – wie ihr ehemaliger Präsident Silvio Berlusconi – »la dolce vita«. Warum also sollen sie in Löchern in der Vor-
stadt hausen und statt auf dem Boulevard mit dem Ferrari zu kreuzen ihr Leben im Schutzkeller und Gefängnis verbringen? Eines ist

sicher: Die oft geäußerte Behauptung, die Mafia sei Italiens größtes Unternehmen, hält keiner Überprüfung stand. Der Drogenkonsum in Europa stagniert bereits seit Jahrzehnten. So gab es im Jahre 2000 in Deutschland noch 2.030 Drogentote. 2010 wurden nur noch 1.237 vermeldet werden. Und wer ist denn in Europa noch auf der Suche nach illegalen Waffen? Selbst der nicht unbedingt effektive italienische Staat nimmt 350 Milliarden Euro Steuern ein. 250 Millionen Schutzgeld klingen dann in einem Land mit 5,3 Millionen Selbstständigen eher peinlich: Danach hätte im Schnitt jeder Selbstständige etwa 47 Euro Schutzgeld an die Mafia bezahlt. Im Jahr.

Umgekehrt gibt es äußerst erfolgreiche Unternehmen und Gruppen, die völlig ohne Zusammenhalt und Gruppenrituale auskommen. Fußballvereine wie Bayern München, die – wie Formel-1-Teams – nur noch aus zusammengekauften Spielerpersönlichkeiten bestehen, die sich nicht einmal in einer gemeinsamen Sprache über die Fachbegriffe hinaus unterhalten könnten, schlagen Vereine, deren Namen noch Spieler aus der Heimat verspricht. Bayern München hat auch kaum lokale Fans – die gehen lieber zum chronisch erfolglosen Verein 1860 München –, sondern vermietet Logen an Unternehmen in seinem Stadion, dessen Namen er an die Allianz Versicherung verkauft hat. Dementsprechend groß ist im Allgemeinen die Freude, wenn Bayern einmal nicht deutscher Fußballmeister wird und aus der Champions League fliegt: Niemand nimmt Bayern seinen Namen ab. Bayern München ist nur ein Synonym für Fußball ohne Lokalpatriotismus und ohne echten Wettbewerb zwischen jungen Männern aus verschiedenen Städten und Ländern. Obwohl viele Vereine und ihre Trainer immer wieder versuchen, durch Zusammenhalt und treue Fans gegen die übermächtigen Bayern-Profis zu gewinnen, traditionell etwa der FC St. Pauli und Schalke 04, bleiben die Bayern doch meist an der Spitze.

Nicht anders ist es in Großunternehmen: Dauerhaft erfolgreiche Weltkonzerne wie Roche, Siemens und Nestlé werden von internationalen Managern geführt, die in der Regel überwiegend Englisch sprechen. Ihre Teams stammen aus aller Herren Länder und werden wie Fußballspieler alle zwei, drei Jahre ausgewechselt. Familienunternehmen wie Nixdorf, Quelle, Grundig und Rodenstock sind sang- und klanglos untergegangen. Längst haben es die meisten Unternehmen aufgegeben, unter ihren Mitarbeitern Zusammengehörigkeitsgefühl und Gemeinschaftsidentität erzeugen zu wollen. Auch die großen, sektenähnlichen Direktvertriebsunternehmen wie Amway, Avon und Tupperware verlieren immer weiter ihre Kunden, nämlich zusammenhalts- und kommunikationsbedürftige Hausfrauen. Nicht anders geht es Ketten wie Bodyshop oder Starbucks, deren Boomzeit schon lange vorüber ist. Ob Fan, Mitarbeiter, Kunde oder Verbraucher – keiner möchte mehr einer Gruppe zugerechnet werden. Selbst die Schülerband ist im Aussterben begriffen. Die Kirchenchöre und Blasmusikgruppen schrumpfen. Viele Stimmen und Instrumente können nicht mehr besetzt werden. Kinosäle und Schwimmbäder bleiben leer. Sicher sind hierfür massive Interessensverschiebungen verantwortlich. Doch der Trend zur Individualisierung ist weltweit zu beobachten. Wir können eine andauernde Flucht des Einzelnen vor und aus der Gruppe diagnostizieren, die die aufgestellte Behauptung, dass starke Gruppen erfolgloser sind, noch mehr stützt: Der Erfolgsmensch wird durch das »Abhängen« in Gruppen unabhängig von deren Themen und Inhalten an der Konzentration auf seine eigene Karriere abgelenkt und behindert. Viele Studenten haben heute keine Zeit mehr, sich jede Nacht in Bars um die Ohren zu schlagen. Sie möchten (und müssen) ihr Studium schnell und effektiv abschließen. Gruppen dagegen können langfristig gar nicht effektiv sein, weil ihre Organisation zu viel Energie auffrisst. Termine müssen verabredet, Satzungen verabschiedet, Schriftführer gewählt, Aufgaben verteilt, Begrüßungsriten absolviert werden. Und wenn dann endlich die Gruppe steht, wird ihr scheinbar größter Vorteil – ihr solidarischer Zusammenhalt – zum größten Nachteil. Die anderen Gruppen nämlich, die mit weniger Zusammenhalt und Organisation, sind schneller und dynamischer. Während in Deutschland noch altehrwürdige Parteien um die Bindung ihrer Wähler ringen und Programme verfassen, die diesen ein Heimatgefühl geben sollen, erobert mit der Piratenpartei eine ganz neue Partei fast völlig ohne Organisation und Programm das Abgeordnetenhaus von Berlin. In Umfragen liegt sie bereits bei zehn Prozent – in erster Linie zulasten der Altparteien und ihrer treu zusammenhaltenden Gruppen, die eben wegen ihrer Altmitglieder zu keiner Innovation, keinem Kurswechsel mehr fähig sind.

Erfolglose Gruppen erkennt man oft daran, dass sie versuchen, ihre Mitglieder festzuhalten und durch Druck an sich zu binden. Obwohl Mormonen, Zeugen Jehovas und Scientology seit Jahrzehnten in Mitteleuropa auf der Suche nach neuen Mitgliedern hausieren gehen, können sie keine Erfolge vermelden. Der von der Bundesregierung einst extra einberufene Sektenbeauftragte hat wenig zu tun. Bestorganisierte Sekten bieten jungen Menschen etwas, das sie nicht mehr als Lebensziel haben: Auserwähltheit und Bevorzugung. Längst haben sie gelernt, dass der Zugang zu Privilegien nur noch selten über eine Gruppenzugehörigkeit ermöglicht wird. Die einst exklusiven Golf- und Tennisvereine verlieren immer mehr Mitglieder. Sie müssen ihre Gebühren senken und buhlen nun um Tages- und Schnupperkunden. Die schlagenden Verbindungen und Freimaurerlogen, einst Orte elitärer Intimität, finden keinen Nachwuchs mehr. Klöster schließen ihre Pforten.

Vieles, was früher nur in und durch Gemeinschaften möglich war, ist heute eine täglich verfügbare Option auf dem Markt der Möglichkeiten. Ein paar Tage zu Exerzitien im Kloster? Überall buchbar. Auch in Bars und Restaurants gibt es kaum mehr ein *members only*. Nirgendwo steht mehr die Whiskyflasche mit dem eigenen Namen darauf im beleuchteten Schrank hinter der Bar. Gerade die größte Attraktion der stark zusammenhaltenden Gemeinschaften, ihre Exklusivität, wird nun zu ihrem größten Nachteil: Durch die Vernetzung in Beruf und Patchworkfamilien ist überall nicht das Verschließen, sondern die Öffnung gefragt. Die Beherrschung mehrerer Sprachen, die Detailkenntnis fremder Kulturen und die Individualität des Lifestyle-Designs lösen die Insignien und Abzeichen der Zugehörigkeit zu eingeweihten Gruppen ab. Kaum jemand redet vom Lions und Rotary Club, von Freimaurerlogen, Burschenschaften oder anderen, elitären Bünden.

Dass aber ausgerechnet die Mafia ein besonderes Beispiel für die Erfolglosigkeit von stark zusammenhaltenden Gruppen darstellt, ist eine Ironie der Geschichte organisierter Gruppen, denn der Ehrgeiz der Mafiafamilien und ihrer Zweige war es ja immer, nicht als

Gruppe wahrgenommen und damit auch nicht bekämpft und zerschlagen werden zu können. Ihre Existenz im nicht öffentlichen Raum sollte den wirtschaftlichen Erfolg ihrer illegalen Geschäfte sichern. Nun könnte die Mafia nicht an Verrätern und Staatsanwälten zugrunde gehen, sondern, weil sie moderne Geschäftsmodelle verschlafen hat und stattdessen antiquierte Branchen wie Drogen, Waffen, Schutzgeld, Müllverbrennung und Prostitution betreibt, die kein Wachstum mehr versprechen.

Das größte Sozialkapital entsteht nämlich nicht durch den inneren Zusammenhalt einer Gemeinschaft – US-Forscher nannten das bonding –, sondern durch ihr Auftreten und Wirken nach außen (bridging): Je mehr Geschenke, Vertrauen, Hilfe, Gastfreundschaft und Freundlichkeit eine Gemeinschaft verbreitet, desto eher wird sie Erfolg haben.

Für erfolglose Gruppen und Gemeinschaften lautet dann der Tipp: Sorgt für eine positive Außenwirkung! Kümmert euch weniger um eure eigenen Prinzipien und Strukturen! Dann entsteht der nötige Platz für die Begeisterung und Zustimmung von Kunden, Partnern und neuen Mitgliedern.

V

Wie kann Sozialkapital angewandt werden?

Was Sozialkapitalisten unbedingt brauchen

Die Hoffnung, für den Sozialkapitalisten würden andere Regeln gelten als für den herkömmlichen Unternehmer, ist verständlich. Schließlich leiden die meisten an der bisweilen rücksichtslosen Welt der Wirtschaft. Gemeingüter und Sozialkapital dagegen gelten als menschenfreundlichere Alternativen. Leider ist diese Hoffnung nur zum Teil erfüllbar. So, wie der Unternehmer erst einmal in die Entwicklung eines Produktes oder einer Leistung investieren muss, das er dann mit Fleiß, Qualität, Glück und natürlich auch mit der Hilfe von legalen und illegalen Tricks verkaufen kann, muss auch der angehende Sozialkapitalist zuerst investieren. Worin? Werfen wir einen Blick auf fünf Formen von Sozialkapital, auf die ein Sozialkapitalist zurückgreifen muss, wenn er sein Sozialkapital aktivieren möchte.

Erstens: Vertrauen
»Ich würde ja vertrauen, wenn ich wüsste, dass ...« – stopp! Wenn wir wüssten, auf wen und was wir uns verlassen können, bräuchten wir kein Vertrauen. Vertrauen ist eine Art, mit der Unwägbarkeit des Verhaltens unserer Mitmenschen, bekannter wie fremder, umzugehen. Enttäuschtes Vertrauen ist deshalb die ewige Grundquelle des Misstrauens. Gerne rechtfertigt man fehlendes Vertrauen mit einer traumatischen Misstrauenserfahrung, in der Regel des Verlustes eines Freundes oder eines größeren Geldbetrages. Aus dieser Enttäuschung wird dann die Maxime »Vertrauen ist gut, aber Kontrolle ist besser« abgeleitet. Wir dürfen vermuten, dass diese Maxime dem ständig notwendigen Neuaufbau von Vertrauen nicht unbedingt förderlich ist.

Man kann sich aber nicht vornehmen, zu vertrauen. Im Gegensatz zu Höflichkeit kann Vertrauen nicht simuliert oder vorgetäuscht werden. Wenn also der Sozialkapitalist Vertrauen benötigt, um sein Sozialkapital zu entwickeln, dann ist damit nicht das egoistische Vertrauen in die eigenen Fähigkeiten gemeint – das auch gerne als Selbstbewusstsein bezeichnet wird –, sondern das weitaus schwieriger zu behandelnde Vertrauen in fremde Menschen auf der Straße. Dieses kann sehr einfach getestet werden: Geben Sie einem Ihnen fremden Menschen, von dem Sie glauben, dass er es brauchen oder es ihm guttun könnte, einen nicht zu kleinen Geldbetrag. 50 Euro zum Beispiel. Oder noch schwieriger: Laden Sie einen ausländischen Touristen oder Wirtschaftsflüchtling in ihre Familie ein und bieten Sie ihm an, bei Ihnen zu wohnen.

Das Geben ist der einzige Weg zur Wiedererlangung von verlorenem Vertrauen. Selbst Politiker sprechen deshalb in Verhandlungen von vertrauensbildenden Maßnahmen, womit wir zur zweiten Form von Sozialkapital kommen.

Zweitens: Geschenke

Der Begriff des Geschenks drückt eine für Schenkende wie Beschenkte unmöglich zu erfüllende Erwartung aus, nämlich die, für das Geschenk *keine Gegenleistung* zu erwarten. Gerade der für das Geschenk in der Regel erwartete Dank ist nämlich in hohem Maße eine erwartete Gegenleistung. Das Geschenk schrumpft so zu einem Tauschgut. Allerdings gilt dies nur für größere, materielle Geschenke wie Geld, Güter und Nahrung. Wenn ein Geschenk aber keinen materiellen Wert hat, vordergründig vielleicht sogar gar nicht als ein solches wahrgenommen wird – die Rede ist von einem Lächeln oder einem freundlichen Wort –, gilt diese Erwartung kaum mehr. Dann verzaubert die oder der Schenkende scheinbar aus dem Nichts in Sekunden die Welt. In den USA gibt es dafür eine schöne Dankeswendung: *You made my day*. Jeder ist in der Lage, des anderen Tag mit einem kleinen Moment zum Glücks- und Erfolgserlebnis zu machen.

Als Sozialkapitalist ist man dann einsatzbereit, wenn man Geschenke nicht nur als weihnachtliche Spendensammlung für Arme ansieht, sondern als tägliche Praxis des Gebens und Empfangens. Dieser Austausch von Geschenken aber ist nur mit einem weiteren Element des Sozialkapitals möglich.

Drittens: Freundlichkeit

Die Verwechslung von Freundlichkeit, Höflichkeit und Lächeln ist schon immer Anlass für kulturelle Missverständnisse. Wie auch Vertrauen, ist Freundlichkeit eine Verhaltensweise, mit der Ungewissheit des Fremden und seines Verhaltens umzugehen. Echte Freundlichkeit gibt es nicht ohne Vertrauen, ja, Freundlichkeit ist eine Ausdrucksform von Vertrauen. Höflichkeit kann man lernen und üben. Freundlichkeit nicht. Das stellt den Sozialkapitalisten vor die größte Herausforderung, denn wenn er in einer Gemeinschaft lebt, die von Misstrauen, Geiz und Unfreundlichkeit geprägt ist, scheint er mit dem Praktizieren von Vertrauen, Großzügigkeit und Freundlichkeit ausgerechnet aus seiner Gemeinschaft als Fremdkörper herauszufallen. Das Paradoxe daran: Der Sozialkapitalist gerät in Widerspruch zum Sozialleben seiner Familie, Freunde, Nachbarn und Kollegen. Er fühlt sich einsam und ausgenutzt.

Tatsächlich aber werden auch die mit Freundlichkeit weniger gesegneten Zeitgenossen den Sozialkapitalisten dafür schätzen, dass er inmitten verarmter und verkümmerter Sozialbeziehungen einen gelassenen Reichtum verkörpert. Belohnen – dafür sorgt meist schon der Neid – werden sie ihn dafür aber nicht.

Viertens: Gastfreundschaft

Vertrauen und Freundlichkeit kann man nicht heucheln – für die Praktizierung von Gastfreundschaft muss man nicht heucheln. Das macht die Gastfreundschaft zusammen mit der Hilfsbereitschaft zur leichter praktizierbaren Tugend des Sozialkapitalisten. Es geht in der Gastfreundschaft nicht um komplizierte seelische Befindlichkeiten, um Identität und Authentizität, sie ist vielmehr ein rituelles Verfahren zur Erzeugung und Bewahrung von Sozialkapital, das in allen Kulturen verbreitet ist. Gastfreundschaft funktioniert in routinierten Formen und ist deshalb nicht an Stimmungen gebunden. Ausgerechnet in den sicheren Staaten Deutschland, Österreich und der Schweiz ist allerdings das Einladen von Fremden absolut unüblich. Wenn man sich aber trotzdem mit einer Einladung gegen die Skepsis der eigenen Familie, der Freunde und Kollegen durchgesetzt hat, wird man erleben, dass alle Teilnehmer große

Freude mit dem eingeladenen Fremden haben. Von Missbrauch hat man selten gehört. Also: einfach einladen. Es passiert nichts Schlimmes.

Fünftens: Hilfsbereitschaft

Wie auch die Gastfreundschaft, ist die Hilfsbereitschaft eine leicht zu praktizierende Sekundärtugend des Sozialkapitalisten. Die Chancen auf Ausübung von Hilfsbereitschaft sind allerdings überraschend gering. Das hat mehrere Gründe. Zum einen gilt es oft als Schande, Hilfe annehmen zu müssen. Der Helfer wird dann mit dem Hinweis abgewiesen, man bräuchte keine Hilfe. Zum anderen ist der deutschsprachige Raum eine durchorganisierte Wohlstands- und Versicherungsoase. Das heißt: keine Autopanne, kein Unfall, kein Brand, zu dem nicht unzählige bezahlte Helfer eilen, kein Vereinsraum, in dem nicht die Mitglieder bei der Renovierung Hand anlegen. Nur in einem Fall bekommt man in der Regel nur selten Hilfe: Wenn man kein Bargeld mehr hat. Auch als Sozialkapitalist sollte man deshalb für diesen Fall ein wenig Bargeld mit sich führen. Aber halt – ist denn Sozialkapital nicht das Gegenteil materieller Hilfe? Helfen wir nicht besser mit netten Worten und Ratschlägen als mit Cash?

Nein, ist es nicht. Sozialkapital ist nur Hilfe ohne Anspruch auf Gegenleistung.

Arbeitslosigkeit senken –
warum alle Arbeit freiwillig sein sollte

Wenn ein Mensch seinen Arbeitsplatz verliert, verliert er meist auch genau die Kontakte, die er nach Auffassung der Arbeitsagenturen benötigt, um wieder Arbeit zu finden. Damit sind nicht nur Kunden, Partner und Kollegen gemeint: Auch in Verein, Familie und Freizeit wird man oftmals danach beurteilt, welchen Beruf man hat und mit wie viel Sach- und Geldleistungen man das jeweilige Projekt oder Anliegen unterstützt. Wer also arbeitslos wird, verliert meist viel mehr als nur seine beruflichen Kontakte. Ein Netzwerk will gepflegt sein. Es erhält sich nur durch Aktivität. Die Absurdität der Tätigkeit der Arbeitsagenturen liegt nun darin, dass jener Mensch, dem man gerade einen Großteil seiner Kontakte entzogen hat, durch Bewerbungs- und Persönlichkeitstrainings, durch Weiterqualifikation und Testjobs in die Lage versetzt werden soll, wieder einen bezahlten Beruf auszuüben. Er soll sich vorstellen und bewerben, anrufen und mailen.

Wäre es nicht sinnvoller, die vorhandenen Beziehungen zu erhalten, anstatt ihre Zerstörung zuzulassen und dann mit großem Aufwand neue aufzubauen? Muss ein Mensch erst sozial absteigen, um dann als Fall für gesellschaftliche Reintegration betreut zu werden? Diese Fragen werden in Deutschland, Österreich und der Schweiz aus gutem Grund nicht gestellt. Arbeitslosigkeit dient dort nicht selten als Drohkulisse, um niedrige Löhne, schlechte Arbeitsbedingungen und Leistungsdruck zu rechtfertigen. Politiker betonen, wie ungerecht es sei, wenn jemand, der nicht arbeitet, ebenso viel verdient wie ein Berufstätiger. Der Abstand zwischen arbeitsscheuen Nichtstuern und fleißigen Leistungsträgern müsse gewahrt werden. Die Angst von Berufstätigen ist deshalb nicht so sehr die Angst davor, ohne sinnvolle Arbeit zu sein, sondern zusätzlich zu ihrem Einkommen auch ihren sozialen Status und ihr Netzwerk zu verlieren. Arbeitslosigkeit deklassiert – diese gesellschaftliche Botschaft erreicht natürlich auch künftige Arbeitgeber. Sie stellen in der Regel Arbeitslose nur zu besonders ungünstigen Bedingungen ein, oder buchen sie am liebsten gleich bei einer Zeitarbeitsfirma.

Geht es auch anders? Im benachbarten dänischen Königreich erhalten Arbeitslose gleich 90 Prozent ihres letzten Nettogehaltes – und das bis zu fünf Jahre. Da Dänemark eine der höchsten Abgabenquoten der Welt hat, ist dies fast eine Gleichstellung von Arbeitslosen mit Berufstätigen. Bereits das ist sensationell. Bemerkenswert ist aber auch die Begründung: Durch das höhere Arbeitslosengeld, so das dänische Arbeitsministerium, können Unternehmer Arbeitnehmer schneller entlassen. Und da der Arbeitslose so teuer ist, sind die Arbeitsagenturen motivierter, ihn wieder in Lohn und Brot zu bringen. Gelingt ihnen das nicht innerhalb von zwei Jahren, muss der Staat dem Arbeitslosen eine sogenannte »Aktivierungsstelle« anbieten. Dies kann sowohl eine Bürgerarbeit als auch eine Fortbildung sein. Der Arbeitslose behält aber sein Einkommen – und damit seine Wohnung und seinen Lebensmittelpunkt. Er arbeitet sozusagen als »Berufsarbeitsloser«. So eine Lösung kann natürlich nur funktionieren, wenn sie von Nachbarn und Kollegen ohne Neid akzeptiert wird, wenn also genug Vertrauen existiert, dass es im Staate Dänemark gerecht zugeht. Das Ergebnis jedenfalls straft jede Skepsis gegen angeblich falsche »Anreize« Lügen: Im September 2011 betrug die Arbeitslosenquote in Dänemark lediglich 4,2 Prozent.

Das Mindesteinkommen(!) für Forscher oder IT-Spezialisten – keine Führungskräfte – wird derzeit mit 61.700 dänischen Kronen pro Monat angegeben. Das sind rund 9.000 Euro. Das bedeutet, dass ein Forscher etwa 4.500 Euro Arbeitslosengeld pro Monat erhält – vermutlich ist das Weltrekord.

Aus der Perspektive des Erhalts und der Entwicklung von Sozialkapital macht dieser Aufwand aber durchaus Sinn, denn je weniger Menschen ohne Einkommen sind, desto weniger Geld muss die Gemeinschaft für Sicherheit, Gesundheit und Sozialhilfe aufwenden. Firmen können viel flexibler ihre aktuellen und innovativen Anforderungen an Arbeitskräfte erfüllen, anstatt unerwünschte Mitarbeiter im Leerlauf zu halten und keine Mittel für neue Aufgaben einsetzen zu können. Und noch eine weitere Besonderheit sticht ins Auge: Ein Drittel aller Berufstätigen Dänemarks, also 750.000 Menschen, sind im öffentlichen Sektor tätig. Damit wird es möglich, bezahlte Arbeit ebenso als Gemeingut anzubieten, wie etwa öffentlichen Nahverkehr, Schulen, Parks und Schutz durch Polizei und Justiz. Überließe man die Vertragsbedingungen für Berufstätige ganz »den Tarifpartnern«, so käme man wie in Deutschland schnell sowohl zu Dumpinglöhnen als auch zu durch Besitzstände unkündbar gewordenen Arbeitnehmern, die die Entwicklung eines Unternehmens behindern und blockieren können.

In Deutschland wird als Alternative zu dem ideologisch motivierten Bruch zwischen Berufstätigkeit und Arbeitslosigkeit seit Langem ein bedingungsloses Grundeinkommen diskutiert. Es soll etwa 1.500 Euro monatlich betragen. Für einen Hartz-IV-Empfänger und Dauerarbeitslosen wäre das viel; für einen erfolgreich Berufstätigen wenig. Die Dänen beweisen, dass eine großzügige Notfallsicherung effektiver ist als eine hohe Grundsicherung, da sie alle Beteiligten motiviert, den Notzustand schnell zu beenden. Das deutsche System der Sozialhilfe wie der Unkündbarkeit vieler Beamter und Angestellter führt dagegen zum gesellschaftlichen Stillstand. Die Armen können in Anbetracht der Dumpinglöhne nicht auf eine Verbesserung ihrer Lebenssituation hoffen. Sie sind nachhaltig demotiviert. Viele gut gestellte Beamte und Angestellte krallen sich in ihren Positionen fest und sorgen dafür, dass von außen herangetragene Innovationen in der Schublade verschwinden und die Personalleiter Konkurrenten mit der Begründung abweisen, man hätte keine Mittel für eine neue Stelle. 6,79 Millionen Minijobber werden überall dort eingesetzt, wo man feste und gut bezahlte Arbeitsverhältnisse um jeden Preis vermeiden möchte. Die angeblich niedrige deutsche Arbeitslosenquote von 7,5 Prozent beruht in hohem Maße darauf, dass Menschen mit 400-Euro-Jobs nicht als arbeitslos gelten und Millionen sich gar nicht erst arbeitslos melden – etwa Hausfrauen, Schüler, Studenten und Freiberufler, – da sie nie eine Stelle innehatten, die sie zum Bezug von Arbeitslosengeld berechtigen würde. Tatsächlich dürften in Deutschland zwölf bis 15 Millionen Menschen dauerhaft nicht am Berufsleben teilnehmen. Dass sie dann aufgerufen werden, kostenlose Freiwilligenarbeit zu verrichten, dürfte vielen als Hohn erscheinen. Jede fair bezahlte Arbeit mit guten Arbeitsbedingungen wird schließlich aus freiem Willen ausgeübt. Aber Arbeit nur deshalb wie im Bundesfreiwilligendienst unbezahlt auszuüben, weil der oder die Arbeitgeber sich das Gehalt und die Lohnnebenkosten sparen möchten, ist nicht sehr motivierend. Da nützt es auch nichts, wenn der Arbeitgeber der Staat oder eine als gemeinnützig anerkannte Organisation ist. Deren hauptamtliche Mitarbeiter werden nämlich meist fair und gut bezahlt.

Die Alternative wäre einfach: Die Stelleninhaber müssten bereit sein, ihre gut dotierten Stellen zu teilen oder auch einmal ein paar Jahre Platz für andere zu machen. Dann würden Arbeit und Einkommen insgesamt gerechter verteilt.

Interessanterweise wird so ein Vorschlag weder von Parteien noch von Gewerkschaften oder Kirchen vorgelegt. Stattdessen werben allerorten professionelle Helfer um ehrenamtliche Unterstützung, um Spenden und Stiftungsgelder. Dabei liegt doch das größte Kapital in ihrer eigenen Tätigkeit, die sie nur zu teilen bräuchten. Im Arbeiter-Samariter-Bund (ASB), der sich in seiner Satzung als »Zusammenschluss von Bürgerinnen und Bürgern, die anderen helfen möchten« bezeichnet, gibt es mit 29.000 Mitarbeitern doppelt so viel hauptamtliche wie ehrenamtliche Mitarbeiter. Wenn Arbeit aber als Teil des gemeinschaftlichen Sozialkapitals betrachtet würde, wäre der Weg frei für eine gerechte Verteilung der vorhandenen Stellen. Das Zeitpotenzial für ehrenamtliche Tätigkeit würde sich dabei nicht verringern, aber viele Teilzeit- und Nichtjobber wären glücklich, auch nur eine regulär bezahlte Halbtagsstelle zu haben, mit der sie sich jene 1.500 Euro monatlich verdienen könnten, die ihnen das bedingungslose Grundeinkommen vergeblich verheißt. Ihre Motivation, sich in Beruf und Freizeit für die Gesellschaft einzusetzen, dürfte dann erheblich steigen. Die

Trennung von angeblich wertvoller, hoch qualifizierter Arbeit in Behörden und Unternehmen von angeblich wertloser, als Spende oder Opfer zu bezeichnende Hilfsarbeit in der Landwirtschaft, im Kleingewerbe, in Kindergärten, Krankenhäusern und Pflegeheimen entwertet den Begriff der »Freiwilligenarbeit«.

Jede Arbeit sollte freiwillig sein und der Gemeinschaft Nutzen bringen – dies gilt für alle Berufe. Die Gesellschaft ist dabei umso reicher, umso weniger sich die Einkommen unterscheiden. In Skandinavien macht es keinen entscheidenden Unterschied, ob man sein Leben als Arzt oder Sozialarbeiter, Bankmitarbeiter oder Lokführer verbringt. Allenfalls ein Unternehmer kann dort wirklich überdurchschnittliche Einkommen erzielen. Wenn man auch mit Berufen, für die kein Hochschulstudium, keine Assessmentcenter und kein Karrierekrieg notwendig ist, die eigene Familie ernähren kann, lebt man entspannter. Der Wettbewerb um wenige, hoch angesehene und gut bezahlte Spitzenjobs dagegen produziert in erster Linie keine Sieger, sondern unzählige Verlierer, die fortan an sich zweifeln und jeden anderen Beruf als unerwünschte Notlösung oft lieblos und desinteressiert ausüben. An der Front, in den Pflege-, Putz- und Heilberufen, im öffentlichen Nahverkehr und in weiten Teilen der Dienstleistung in Handel und Callcentern zeigt sich, dass nur sehr wenige Beschäftigte einen sozialen und menschlichen Vorteil aus ihrem Beruf schöpfen. Sie können deshalb die ihnen abverlangte Freundlichkeit und Hilfsbereitschaft, also zwei Grundelemente des Sozialkapitals, nur selten bieten. Weil ihnen selbst so wenig Akzeptanz von der Gesellschaft entgegengebracht wird, sind auch ihre Gaben an die Allgemeinheit beschränkt. Die von vielen Führungskräften in Politik und Wirtschaft geforderten Dumpinglöhne für angeblich wenig produktive Menschen in allen Gesellschaftsbereichen führen dazu, dass das Sozialkapital einer der erfolgreichsten Wohlstandsgesellschaften der Welt weitgehend ungenutzt bleibt. Die unzufriedenen und unterbezahlten Arbeitnehmer, Minijobber und Arbeitslosen brauchen nämlich ihre Freizeit, um das längst unerträgliche Berufsleben durch etwas Ablenkung und Entspannung ertragen zu können. Auch erfolgreiche Manager flüchten dann in ein Privatleben, das nur noch den Zweck hat, ihre Arbeitskraft aufrechtzuerhalten. Freiwilligenarbeit wird erst dann möglich und sinnvoll sein, wenn auch das Berufsleben zu einem selbst bestimmten Leben wird – und damit die Trennung zwischen professionell und ehrenamtlich aufgehoben wird. Mit dieser Trennung geht dann auch die Arbeitslosigkeit spürbar zurück.

Natur schützen und pflegen –
die Krötenwanderung als Rätsel des Altruismus

Was ist eigentlich Natur? Darauf gibt es eine radikal-philosophische und viele weniger radikale wissenschaftliche Antworten. Die radikalste Antwort lautet: »Alles ist Natur!« Damit aber wären auch der Mensch und alle von ihm verursachten Veränderungen Teil der Natur – und somit auch das menschliche Sozialkapital. Natur kann nämlich als das definiert werden, was außerhalb unseres Willens und Einflusses steht, als Gegenpol zu Mensch und Zivilisation. Nach dieser Sichtweise wäre auch eine vom Mensch verursachte Klimaerwärmung wiederum Teil der Natur. Wir sind nur noch nicht in der Lage zu verstehen, warum die Natur so agiert und sich ständig und oft durch große Katastrophen völlig verändert. Die nüchterne Antwort der Natur lautet: »Es gibt kein Warum.« Was wann geschieht, geschieht aus reinem Zufall. Kein Schicksal, keine Schöpfung und keine Vorhersehung bestimmen den Lauf der Natur, sondern zufällige Ereignisse, die Arten entstehen oder aber verschwinden lassen.

Dürfen wir annehmen, dass diese fatalistische Haltung zu Mensch und Natur in unserer Gesellschaft nicht sehr verbreitet ist? Uns gefällt die Natur als Haustier, also in Abhängigkeit von unserem Tun und Lassen besser. So dienen uns intakte Biotope als Paradebeispiele dafür, wie scheinbar entgegengesetzte Interessen der beteiligten Akteure doch zu einem harmonischen Ganzen führen. Nicht Verhandlungen und Diskussionen, Kompromisse und Bürgerbegehren führen diese Harmonie herbei, sondern das Handeln nach eigenen Trieben und Programmen, die der jeweiligen Tier- oder Pflanzenart ohne Auswahlmöglichkeit vorgeschrieben sind. Die Harmonie des Biotops ist damit nicht das Ergebnis von Verständigung auf gemeinsame Werte in einem Tier- und Pflanzenparlament,

sondern offensichtlich das eines natürlichen Strebens nach Überleben im Gleichgewicht.

Diese Sichtweise ist als Gleichgewichtstheorie auch in die Ökonomie übernommen worden. Adam Smith brachte sie in dem Satz
auf den Punkt: »Wenn es um unsere Mahlzeiten geht, hoffen wir
nicht auf das Wohlwollen von Metzger, Brauer, und Bäcker, sondern
wir bauen auf deren Wertschätzung der eigenen Interessen.«

Die Gleichgewichtstheorie besagt, dass sowohl in der Natur wie
in der Wirtschaft Ungleichgewichte über kurz oder lang wieder aus-
geglichen werden, wobei ein gesunder und berechenbarer Mittel-
zustand entsteht. Weil man aber außerhalb der Religionen keinen
Grund dafür nennen kann, warum Natur und Menschheit einem
unsichtbaren Gesetz des Gleichgewichtes folgen sollten, spricht man
statt von Gott von einer unsichtbaren, harmonisierenden Hand,
denn alle Beteiligten folgen stets nur ihrem Eigennutz. In der Bio-
logie hat Charles Darwin diese Einsicht zu der Erkenntnis geführt,
dass nur die Stärksten überleben und damit alle Tier- und Pflanzen-
arten, unter ihnen der Mensch, das Resultat einer ständigen Selek-
tion sind.

Ist also auch Sozialkapital immer Ausdruck von Eigennutz? Solange Sozialkapital als durch Networking aktivierte Gemeinschafts-
aktion auftritt, könnte das sein, da die Motivation des Einzelnen zur
Teilnahme an Gruppenaktivitäten möglicherweise immer von der
Idee getrieben ist, dadurch seine eigene Lebenssituation zu verbessern. Sozialkapital wäre dann eine sanftere Form von Lobbyismus,
nur dass statt Pfründen, Baugenehmigungen und Pensionen Seelen-
heil, Lebenssinn und Lebensfreude als Lohn erwartet werden.

Warum diese lange Vorbemerkung, wenn es um Naturschutz
geht? Keine noch so ausgeprägte Eigennutz- und Lobbyismustheo-
rie kann erklären, warum im Frühjahr Zehntausende Menschen an
den Straßen in Feuchtgebieten Krötenbarrieren errichten, um der
Gattung Erdkröte über die gefährliche Straße zu helfen. Es ist auch
nicht bekannt, dass Krötenwanderungshelfer viel in Talkshows sitzen oder das Bundesverdienstkreuz empfangen. Sie schreiben keine
Naturschutzkolumnen in viel gelesenen Medien und bekommen
auch keine Prämie für jede gerettete Kröte. Der Naturschutzbund

Deutschland hat inzwischen 400 Gruppen, die sich der Laichwanderung der Krötenpaare zu ihrem Heimatteich widmen, damit diese dort erfolgreich ihrer Vermehrung nachgehen können. Über Onlinedatenbanken kann man inzwischen die Standorte verfolgen und eigene Standorte für Krötenzäune eingeben. Derzeit sind 590 Standorte eingetragen; da in Bayern der BUND die Krötenwanderungen organisiert, kommen noch einmal 400 Standorte dazu. In der Umgebung der dicht besiedelten Stadt Mannheim wurde 2011 gar eine ganze Straße für vier Wochen gesperrt. Hier die Begründung: »Erstmals wiesen aufmerksame Bürger die Umweltschützer vor sieben Jahren auf die Tiere hin. Sie überquerten in den abendlichen Dämmerstunden die Fahrstraße in Richtung des Karlsternweihers. Es handelt sich um Erdkröten, die von ihrem Winterquartier zum Karlsternweiher wandern und dort laichen.

Die Stadt Mannheim bittet die Autofahrer um Verständnis für diese außergewöhnliche Maßnahme im Sinne des Naturschutzes.«

Akribisch werden von den Krötenrettern jede einzelne Kröte und selbst zusätzlich gerettete Molche gezählt, wie dieser Bericht aus dem Jahre 2011 zeigt: »Einige Mitglieder der OG Lörmecketal haben auch dieses Jahr wieder viel Zeit und Mühe in das Aufstellen und Betreuen des Schutzzaunes für die Krötenwanderung im Glennetal (Körtlinghausen) investiert. Wie schon im letzten Jahr war die Aktion äußerst erfolgreich. Hier eine Zusammenfassung der Zählungen: 2.997 Erdkröten einschließlich geschätzter 393 Paare wurden in die Gewässer gebracht (Glenneteich + Schlossteich). Außerdem noch 95 Fadenmolche, 24 Bergmolche, 60 unbestimmte Molche und einige Grasfrösche. Durch den Zaun sind dieses Mal nur noch sehr wenige Tiere überfahren worden. Viele Erdkröten und Molche versuchten oberhalb und unterhalb des Zauns (jeweils bis zirka 250 Meter) die Straße zu überwinden. Das Auflesen der Tiere von der Straße war an manchen Tagen sehr belastend.«

Diese Dokumente zeigen, dass der Naturschutz eine besondere Form des Sozialkapitals darstellt, die sich durch herkömmliche Kooperations-, Anreiz- und Handlungstheorien nicht erklären lässt. Während nämlich die Rettung von Flüssen, Seen, Wäldern, von Luft, Wasser und Erde noch ganz ohne Ethik als zur Selbsterhaltung nötige Vernunfthandlung interpretiert werden kann, macht es uns die Erdkröte nicht leicht. In der sogenannten Roten Liste des WWF in der zersiedelten Bundesrepublik Deutschland wird die Erdkröte als »nicht gefährdet« aufgeführt, während sie zumindest in der Schweiz als bedroht gilt.

Die Krötenhelfer benötigen auch keine Aktionsformen wie Demos und Blockaden, sondern werden in der Regel direkt von der Verwaltung unterstützt: »Auch in Meerbusch wurden am Grünen Weg in Osterath nach einigen Jahren Eimereinsatz durch die Stadtverwaltung Querungshilfen gebaut«, meldeten die Aktivisten in den niederrheinischen Städtchen Kaarst und Meerbusch. Zehntausende Krötentunnel machen Deutschland zum Paradies für Erdkröten. Diese stehen nun jedes Frühjahr vor der Entscheidung: Soll ich lieber warten, ob mich der Helfer im Eimer zum Teich bringt, oder aber durch den Krötentunnel gehen? Krötenhilfe ist in der Tat ein Phänomen von scheinbar grundlos aufgebautem Sozialkapital. Es gibt kein drängendes Problem der Gemeinschaft, das durch Krötenhilfe gelöst oder auch nur behandelt wird. Ganz offensichtlich aber wird die Erdkröte als zu schützendes und zu betreuendes Wesen derart in die Gemeinschaft miteinbezogen, dass diese bundesweit Kröteninitiativen startet. Die Erdkröte ist selbst ein soziales Subjekt der Zivilgesellschaft geworden – diese Erklärung eröffnet eine völlig andere Sichtweise auf den Naturschutz. Er besteht dann nämlich nicht im Schutz und der Erhaltung einer autonomen Natur, sondern in der Eingliederung der Natur in die soziale Gemeinschaft der Menschen. Die Erdkröten AG der Tierhilfe Nordeifel e.V. drückt in ihrem Dank an die Helfer das Sozialkapital so aus: »Schön finde ich auch, dass viele Kinder mit Freude dabei sind. Es ist für sie ein unvergessliches Erlebnis, so nah vor Ort helfen zu können und gebraucht zu werden.«

Wenn Tiere und Pflanzen Menschen brauchen, ist das auch Sozialkapital. Wie gut muss es also um das Sozialkapital jener 1.000 Orte mit Krötenzäunen – Deutschland hat insgesamt etwa 12.000 Gemeinden – stehen, dass sie neben ihren eigenen Nöten in der Betreuung Jugendlicher, Drogenabhängiger, chronisch Kranker und Behinderter auch noch in der Lage sind, Ortsgruppen für Erdkröten, seltene Vögel, Biber und Schmetterlinge, für Orchideen, Ulmen und Streuobstwiesen auf die Beine zu stellen?

Wenn man tatsächlich Sozialkapital konsequent als die Summe nicht materieller Werte und Güter bezeichnet, dann ist der Pflanzen- und Tierschutz die vom Eigennutzen am weitesten entfernte Aktivität. Und wenn Deutschland mal ein neues Wappentier suchen würde – die Erdkröte wäre sicher einer der Favoriten.

Die Rückkehr der Herzensbildung und der Zwergschule

Im Artikel 131 der Verfassung des Freistaates Bayern findet sich ein bemerkenswerter Satz: »Die Schulen sollen nicht nur Wissen und Können vermitteln, sondern auch Herz und Charakter bilden.« Wenn man – wie ich – zwei Jungen durch mehrere bayerische Realschulen und Gymnasien buchstäblich getrieben hat, könnte einen dieser Satz ärgern. Denn gerade im besonders leistungsbezogenen Schulbetrieb Bayerns stehen Herz und Charakter gewiss nicht immer an erster Stelle. Viele Eltern und Kinder verzweifeln an der Ignoranz der bayerischen Bildungsfunktionäre und der Gefühlskälte so mancher Lehrer vor Ort in den Schulen. Dennoch sind die Bayern mehrheitlich stolz auf ihr Bildungssystem, bringt es doch – so weisen es entsprechende Studien immer wieder aus – die Besten und Leistungsfähigsten hervor. Jahrelang wurde in Bayern die Tatsache gefeiert, dass es nur wenige zu einem guten Abitur und zum Studium schafften, als Beweis für die Qualität ihres Schulsystems.

Da Bildung in Deutschland, Österreich und der Schweiz weitgehend staatlich finanziert und beaufsichtigt ist, haben immaterielle oder ideelle Werte in ihr kaum noch Platz. Auch private Bildungseinrichtungen wie etwa die Waldorfschulen werden an ihrem Output gemessen, nicht an den Lehrinhalten. Die Botschaft lautet dabei: Ihr könnt mit Kindern außerhalb der Unterrichtszeit so viel über Werte und Ideelles sprechen wie ihr wollt, solange sie die Normen in den Pflichtfächern erfüllen. Die Bildung von Herz und Charakter ist also nur noch untergeordnet Angelegenheit der Schule, ihrer Lehrer und Bildungsinhalte, sondern Privatsache der Eltern und mitunter Anliegen der Kirchen.

Wenn Sozialkapital in Gestalt von Vertrauen, Geschenken und Hilfsbereitschaft nun eine Angelegenheit von Herz und Charakter ist, die Bildung der letzteren beiden aber nur im Freundes- und Familienkreis stattfindet, dann wäre Sozialkapital keine durch öffentliche Handlungen beeinflussbare Größe. Sicher, der Staat unterstützt gemeinnützige Vereine jeder Art, wenn diese aus Staatssicht förderungswürdige Aufgaben erfüllen. Er garantiert sogar eine Kirchensteuer. Aber Herz und Charakter bilden? Das klingt doch eher nach altmodischen Tugenden des 19. Jahrhunderts, nicht nach verwertbaren Fertigkeiten, oder wie man es heute formuliert, *skills*.

Aber stellen wir die Frage umgekehrt: Sind Schenkkultur, Freundlichkeit, Vertrauen, Gastfreundschaft und Hilfsbereitschaft überhaupt ohne Herz und Charakter vorstellbar? Im Gegensatz zu den bewertbaren Inhalten von Sozialkapital entziehen sich Herz und Charakter jeder Bewertung. Einem Menschen Herz und Charakter zu bescheinigen, gilt als sehr großes Kompliment. Umgekehrt wird es als schwere Beleidigung gewertet, als herz- und charakterlos eingestuft zu werden. Deshalb ist es in der Tat riskant, Herz und Charakter zu Themen von Erziehung und Bildung zu machen – und doch steht dies in der bayerischen Verfassung.

Was könnten nun aber die Inhalte einer Bildung von Herz und Charakter sein? Die Erziehung zu zivilem Ungehorsam und einem ausgeprägten Sinn für Gerechtigkeit? Die Orientierung an ethischen und religiösen Normen wie Menschenliebe, Empathie, Humanismus, Toleranz und Bereitschaft zur Vergebung?

Mit der Aufforderung, Herz und Charakter zu bilden, stehen Schulen wie Erzieher vor einer unlösbaren Aufgabe, denn was auch immer sie als Tugenden predigen – Charakter entsteht auch und gerade dadurch, gepredigten Tugenden zu widersprechen. Herz und Charakter sind Elemente der Persönlichkeitsbildung, keine Anhängsel oder gar Ergebnisse der Tugenden. Damit aber gäbe es einen Anhaltspunkt dafür, was der konfektionierten Bildung fehlt, nämlich die Begegnung von Persönlichkeiten, deren Ergebnis eine Persönlichkeitsbildung ist. Durch die genormten pädagogischen Studiengänge und die Spezialisierung auf Fachgebiete spielt die Persönlichkeit des Lehrers und Erziehers eine immer geringere Rolle. Im Lehrercasting stehen Prüfungsnoten und Fachkenntnis im Vordergrund, nicht Persönlichkeit und Charakter. Warum sollen nicht auch Menschen mit Lebenserfahrung in der Finanzwelt, der Kunst, im Handwerk oder in der Landwirtschaft Kinder unterrichten dürfen? Die meisten Lehrer haben eine rein akademische Laufbahn hinter sich und können deshalb oft wenig praktische Lebenserfahrung vermitteln. Wie wäre es aber, wenn der normale Schulunterricht durch Lehrkräfte bereichert würde, die zwar keine universitäre Pädagogenausbildung durchlaufen haben, aber dafür aus der Praxis berichten können? Wenn es nach dem Vorbild der Hauslehrer-Schulen kleinere Klassen gäbe? Jede persönliche Begegnung im Unterricht trägt zur Persönlichkeitsbildung der Kinder bei. Ist die Fachkenntnis, die man an den pädagogischen Hochschulen über Didaktik erwirbt, tatsächlich so nützlich für Schüler, dass man diese nur nach Absolvierung eines achtsemestrigen Hochschulstudiums unterrichten darf?

Viele Eltern schicken inzwischen ihre Kinder auf die Waldorfschulen, obwohl sie dort Schulgeld bezahlen müssen. Dort unterrichten oft Lehrer, die vorher in anderen Berufen gearbeitet haben. Die Klassen sind kleiner. Die Lehrer nehmen sich persönlich Zeit für die Schüler. Auch Hans Peter Porsche, der Chef des inzwischen milliardenschweren Porsche-Clans, schickte seinen 1973 geborenen Sohn Peter Daniell auf die Waldorfschule. Wir wissen nicht, ob er sich dabei insgeheim erhoffte, dass Peter Daniell eine Unternehmerpersönlichkeit würde, von der ja bekannt ist, dass sie allein mit Wissen und Können nicht entsteht. Peter Daniell jedenfalls sagte die Waldorfpädagogik derart zu, dass er sich selbst zum Waldorflehrer ausbilden ließ. Mit 6,5 Millionen Euro baute er in dem kleinen Dorf St. Jakob am Thurn bei Salzburg eine Schule für 35 »seelenbedürftige« Kinder. Gerade sechs Kinder werden dort pro Klasse unterrichtet. Man mag einwenden: Man muss »ein Porsche sein«, um sich so ein Projekt zu leisten. Aber die Salzburger Waldorfschule, die im Gegensatz zu deutschen Waldorfschulen eine viel geringere staatliche Förderung bekommt, finanziert sich überwiegend aus dem Sozialkapital der Eltern und Lehrer.

In den meisten Berufen sind die Anforderungen heute so speziell, dass keine noch so breite Allgemeinbildung sie abdecken kann. Softwareprogramme ändern sich monatlich. Vor 20 Jahren sollte man Japanisch lernen, nun Chinesisch, morgen vielleicht Indisch und Vietnamesisch. Die berufliche Qualifikation entsteht fast ausschließlich durch Erfahrung.

Und doch konzentriert sich die Gesellschaft darauf, dass möglichst alle jungen Menschen ein Abitur ablegen und studieren. Nach einer Umfrage möchten nur noch zwei Prozent der Eltern ihre Kinder auf eine Hauptschule schicken. Es gilt als demütigend und diskriminierend, wenn das eigene Kind nicht studiert. Wer soll aber künftig jene Berufe ausüben, die bisher nicht über ein Studium, sondern über eine Lehre vermittelt wurden, also Landwirt, Bäcker, Tischler, Schneider, Verkäufer, Friseur, Metzger, Dachdecker, Klempner, Bauarbeiter und Automechaniker? Das staatliche Schulsystem schürt die trügerische Erwartung, gute Zeugniss alleine könnten eine Karriere oder den erfüllten Traumberuf garantieren. Ob ein Beruf ein Traumberuf ist, hängt aber von der Persönlichkeit des den Beruf Ausübenden ab. Nur wenige können trotz Stress und 16-Stunden-Tagen, wie sie in gut bezahlten Berufen häufig die Regel sind, auch persönliche Lebenszufriedenheit erlangen. Der ständige Wettbewerbsdruck in Top-Positionen machen auch vielen Gut- und Bestverdienern das Leben schwer.

Wenn die Schulen künftig Kinder auf den angeblichen »Ernst des Lebens«, das Berufsleben, vorbereiten sollen, dann wird die Persönlichkeitsbildung dabei im Vordergrund stehen müssen. Warum? Um die Wohlstandsverluste einer überalterten Gesellschaft aufzufangen, werden viele Kinder wieder ganz normale Berufe ausüben müssen, die das Leben der Gemeinschaft sichern. Es liegt an der Gesellschaft, durch gleiche Bezahlung und Anerkennung auch »normale« Berufe wieder zu Traumberufen zu machen.

Die zu dieser Haltung fähigen Persönlichkeiten aber können alternative Schulmodelle mit individueller und auf die Bedürfnisse der Kinder abgestimmter Betreuung sowie kleineren Klassen, etwa nach dem Modell der ehemaligen Zwergschulen, weitaus besser fördern als die anonymen Kurssysteme in großen Gesamtschulen. Nicht Scheine und Zeugnisse, sondern Persönlichkeit, Herz und Charakter werden künftig die Kriterien sein, die an Berufstätige gestellt werden. Denn vielleicht werden diese neben ihren Fachaufgaben auch noch Millionen mittellose Rentner unterstützen müssen oder zahlreiche Aufgaben des Staates ehrenamtlich mitorganisieren, die dieser nicht mehr finanzieren kann. Dass sie dabei trotzdem noch freundlich und hilfsbereit sein können, verdanken sie ihrer Persönlichkeit. Aktivieren wir also unser Sozialkapital, um in alternativen, selbst organisierten Schulmodellen diese Persönlichkeiten zu fördern.

Ausblick: Willkommen Abschwung!

Wir haben gesehen, dass das Bruttosozialprodukt eine fiktive Größe ist. Wir freunden uns mit dem Gedanken an, mehr von unserer kostbaren Lebenszeit ideellen Aufgaben und Tätigkeiten zu widmen. Wir sind bereit, stärkere Einschränkungen unseres Wohlstands und Komforts zu akzeptieren, wenn dabei unsere friedliche Gemeinschaft erhalten wird.

Im nächsten Schritt auf unserem Weg zum Sozialkapitalisten bewerten wir nun unsere Kompetenz in fünf Feldern auf einer Skala von eins (niedrigster Wert) bis zehn (höchster Wert). Achtung, bitte *nicht* ankreuzen, da die Werte ständig schwanken und den falschen Eindruck vermitteln, man sei in diesen Feldern zu gut oder zu schwach. Die Ergebnisse der Erhebung des Deutschen Sozialklimaindex (*www.commons.de*) ergeben übrigens, dass im Schnitt in allen Punkten nur ein Mittelwert erreicht wird.

Fragebogen zur Ermittlung des eigenen Sozialkapitals

	1	2	3	4	5	6	7	8	9	10
Habe ich viel Vertrauen in andere Menschen, auch Fremde?										
Verschenke ich viel?										
Wie freundlich bin ich?										
Wie steht es um meine Gastfreundschaft?										
Wie hilfsbereit bin ich?										

Je nachdem, wie ehrlich man auf diese Fragen antwortet, wird deutlich, dass es fast unmöglich ist, ständig und dauerhaft ein Gebender zu sein. Viele Hauptelemente des Sozialkapitals entstehen nur situativ. Sie sind keine dauerhaft verlässlichen Werte, sondern müssen ständig neu geschaffen und erarbeitet werden. Eine Tür, die gestern noch offen war, ist morgen verschlossen. Sozialkapital ist launisch. Wieder eine Analogie zum normalen Kapitalisten: Auch der muss damit leben, dass Preise und Werte fast täglich schwanken, dass Kunden wegbrechen und Konkurrenten mit niedrigeren Preisen und besserem Service seinen Marktanteil verringern. Der Sozialkapitalist weiß, dass sein eigenes Sozialkapital nicht immer und im gleichen Ausmaß verfügbar ist. Es gibt Tage, Wochen, Monate, da sollte der Sozialkapitalist einfach abschalten und sich in der hoffentlich vorhandenen Hängematte von Familie und Freunden ausruhen. Dann wird Platz für eine besondere Erfahrung: Viele Dinge und Projekte, von denen man glaubte, dass sie ganz vom eigenen Engagement abhingen, »ohne mich/dich geht es nicht«, gehen reibungslos weiter. Offensichtlich ist nun genug Sozialkapital vorhanden, damit das Projekt unabhängig von Einzelpersonen funktioniert – das ist das Grundprinzip einer intakten Gemeinschaft. Als Sozialkapitalist investiert man sein Engagement in wertvolle Anliegen der Gemeinschaft. Der Gewinn, die Rendite bestehen darin, dass diese Anliegen im Wortsinn verwirklicht werden.

Nun gibt es aber zahlreiche Anliegen, etwa große Reformvorhaben des Sozialsystems oder der Staatsfinanzen, globale Ziele wie Gerechtigkeit, Freiheit von Armut und Unterdrückung, Wohlstand für alle und Stopp der Klimaerwärmung, die gar nicht vom Sozialkapital der eigenen Gemeinschaft abhängen. Man kann sich dann so viel einsetzen, wie man Energie hat: Das Erfolgserlebnis bleibt meist aus.

Und doch ist reichlich Sozialkapital in der eigenen Aktivistengemeinde entstanden.

Es kommt bei der Aktivierung von Sozialkapital im Übrigen nicht auf den Inhalt an. Auch Orchideenfreunde und Münzsammler sind Sozialkapitalisten, nicht nur Weltretter und politische Aktivisten. Wenn eine große Bürgerinitiative zur Schaffung eines Naturschutzparks schließlich mit Müll- und Laubsammeln am Straßenrand endet, ist das kein Drama. Die Gemeinschaft profitiert von jeder scheinbar noch so kleinen Aktivität. Sozialkapital liegt buchstäblich auf der Straße: Sobald man sie als Akteur betritt, bringt man eigenes Kapital durch Lächeln, Grüßen und Winken, durch Aufmerksamkeit, Interesse und Neugierde ein. Dieser unmittelbare Beitrag des Einzelnen zum Sozialkapital der Gemeinschaft wird in der bisherigen Freiwilligenarbeit und auch in der Sozialkapitalforschung weitgehend ignoriert. Als sozial wird ein Mensch meist erst bezeichnet, wenn er in Vereinen und Organisationen überprüfbare Leistungsziele erreicht. Mit dem Blick auf Vertrauen, Geschenke und Freundlichkeit aber wird deutlich, dass jeder Mensch prinzipiell als soziales Wesen zur Gemeinschaft beiträgt. Wenn die Gemeinschaft die Geschenke ihrer Mitglieder nicht erkennt und würdigt, ja, sie als wertlos zurückweist – wie etwa die Fürbitten der Benediktiner für Kinder in Afrika, – dann darf sie sich nicht wundern, wenn sie in sozialer Armut lebt. Das Sozialkapital Deutschlands wurde in einer seit über 60 Jahre andauernden Wohlstands- und Friedensphase nur in den unmittelbaren Nachkriegsjahren wirklich gefordert. Meine Generation – ich bin 1959 geboren – kann daher Sozialkapital eigentlich gar nicht kennen, sondern allenfalls versuchen, Beispiele für den Wert immaterieller Güter aufzuspüren.

Wäre es da wirklich so schlimm, wenn unsere Einkommen immer weiter sinken?

Auf der Welt gibt es 194 Staaten. Davon heißt einer Deutschland. Der deutschsprachige Raum, also Deutschland, Österreich, die Schweiz und Südtirol, beherbergt zusammen nur 1,3 Prozent der Weltbevölkerung, verbucht aber sieben Prozent des Weltbruttosozialproduktes und sogar 7,4 Prozent des Weltvermögens. Da die Menschen in allen Ländern gerne einen Wohlstand wie in unseren Ländern genießen möchten, lässt sich dieser enorme Unterschied nicht dauerhaft aufrechterhalten. Im Grunde wissen wir, dass der Affluence Peak, der Gipfel des Wohlstands, bei uns seit über 30 Jahren erreicht ist. Unsere Länder und wir, ihre Bewohner, haben deshalb künftig nicht mehr, sondern weniger Wohlstand zu erwarten. Das ist ein ganz natürlicher Prozess und liegt weder an unserer fehlenden Wettbewerbs- und Innovationsfähigkeit noch an unserer niedrigen Geburtenrate. Eine so lange Erfolgssträhne muss irgendwann enden.

Andere Länder und Kulturen, insbesondere die asiatischen, allen voran China und Vietnam, entwickeln eigene Hochtechnologien und werden immer unabhängiger von unserer Technik und auch unserem Kapital. Ihre jungen Bevölkerungen sind leistungswillig und bildungshungrig. Das Denken in Ansprüchen und Besitzständen ist ihnen eher fremd.

Vielen asiatischen Gesellschaften ist es in den letzten Jahrzehnten gelungen, trotz Naturkatastrophen und starkem Bevölkerungswachstum, Umweltzerstörung und volatilen Exporterfolgen, ihren Bürgern ein Leben völlig ohne Bürgerkrieg, Kriminalität und Hunger zu ermöglichen. Es gibt dafür noch wenige Erklärungen. So sind zum Beispiel Chinesen, Japaner und Vietnamesen eher unreligiös und leben nicht in überschaubaren traditionellen Stammes- und Familienverhältnissen, sondern in anonymen Massensiedlungen. Sie haben mehr Spaß an Karaoke und Computerspielen als beim Dorftanz und dem Vortrag taoistischer Lyrik. Warum aber haben sie dennoch ein so unvorstellbar hohes Sozialkapital, dass keine Finanzkrise oder Naturkatastrophe sie aus der Bahn wirft?

Noch immer haben viele Europäer das Bild von Asiaten als »emsige Ameisen« und ohne wirkliche Individualität. Lange wurde der Aufstieg Asiens als Ergebnis eines erbarmungslosen Kollektivismus mit der völligen Unterordnung des einzelnen Menschen erklärt. Aber längst sind auch die meisten, insbesondere die jüngeren Asiaten passionierte Selbstverwirklicher. Sie lesen Erfolgsratgeber und durchlaufen Assessmentcenter. Sie büffeln Englisch, Deutsch und Business Administration. Klaglos haben die Japaner zusehen müssen, wie ihr Börsenbarometer, der Nikkei-Index, vom historischen Höchststand von 40.000 Punkten 1985 auf 8.000 Punkte abstürzte, wo er noch heute liegt. Die Reaktorkatastrophe von Fukushima hat nicht nur zwei Drittel der Japan-Touristen vertrieben, sondern auch die japanische Wirtschaft um mehrere Billionen Euro geschädigt. Dennoch sind die Japaner stillgeblieben. Niederlagen und Katastrophen werden in Japan wie in anderen asiatischen Staaten in einer

Mischung von Stolz und Depression bewältigt. Ein weiterer, wirtschaftlicher Abstieg Japans wird an dieser Haltung nichts ändern. Obwohl Japan höher verschuldet ist als jeder andere Staat der Erde, bricht in der Gemeinschaft keine Panik und kein Bürgerkrieg aus. Krisen erscheinen so nicht als verhinderbares Ergebnis von politischen und wirtschaftlichen Fehlentscheidungen, sondern als Naturkatastrophen. Und so sahen auch die Bilder der japanischen Regierung während der Reaktorkatastrophe aus: Schweigend mit gesenktem Kopf saßen Politiker und Manager in ihrer Dienstkleidung verbittert vor dem Publikum. Sie taten Buße, anstatt platten Optimismus und Durchhalteparolen zu verbreiten. Es mag merkwürdig klingen, aber die Menschen in den asiatischen Gesellschaften haben in Jahrhunderten einen tief sitzenden Pessimismus erlernt, der sie vor Enttäuschung schützt.

Da unserer Kultur dieser Pessimismus – Existenzialisten wie Friedrich Nietzsche würden sagen: Realismus – fehlt, können wir schwer oder gar nicht vom tragischen Stoizismus der Asiaten lernen.

Der Abschwung, der Abstieg, erscheint uns als um jeden Preis zu vermeidende Katastrophe. Keine Opposition, die nicht Wachstum verspräche, keine Regierung, die nicht vorgibt, alles zu tun, um auf dem Wachstumspfad zu bleiben.

Bürger, Medien und selbst Oppositionsgruppen sind von der Drohung des wirtschaftlichen Abstiegs, der angeblich völlig alternativlos nur durch immer neue Milliardenkredite aufgehalten werden kann, noch immer derart beeindruckt, dass sie den absurdesten Geldvergaben zustimmen.

Der Wohlstand gilt den meisten Bürgern als unverzichtbarer Besitzstand. Kein Wunder, dass kein Politiker es wagt, den bevorstehenden Abstieg auch nur zu erwähnen.

Wie aber könnte dieser aussehen?

Der deutsche Staat wird es sich immer weniger leisten können, deutsche Exporte in EU-Staaten durch viele Milliarden indirekte Exporthilfen und Stabilisierungsmaßnahmen für Euro und EU-Staatsanleihen zu subventionieren. Überall in Europa stagnieren die Realeinkommen seit Jahren. In Osteuropa ist ein selbsttragendes

Wirtschaftswunder ausgeblieben. Nun werden viele Kredite fällig, die im Zuge der EU-Osterweiterung vergeben wurden. Gleichzeitig werden die Abnehmer deutscher Produkte in Asien zunehmend hochwertige, eigene Produkte auf den Markt bringen. Die Weltmarktführerschaft im Segment Luxusautomobile und Maschinenbau kann nicht auf Dauer gehalten werden. Kurz: Das deutsche Bruttosozialprodukt wird sinken. Damit aber fallen hoch bezahlte Arbeitsplätze weg. Immer mehr Menschen arbeiten für Löhne, die nicht ausreichen, um ein Leben in Wohlstand zu führen. Die verbleibenden Gutverdiener haben mit ständig steigenden Steuern und Abgaben zu rechnen, da die Opportunitätskosten des Rückgangs sich in den Sozial- und Gesundheitsausgaben bemerkbar machen. Millionen alte Menschen erhalten künftig Renten, die unter dem heutigen Satz der Sozialhilfe liegen. In vielen Gegenden Deutschlands drohen Abwanderung, Armut, Verwahrlosung und soziales Elend.

Aber halt – sind diese Schreckensszenarien nicht genau der Stoff, aus dem die gegenwärtige Finanzkrise gemacht wird? Die Drohkulisse des Abstiegs erst ermöglicht das Spiel der Steuerausnahmen und der Milliardenbürgschaften für Banken. Tatsächlich aber knabbern die Zinsen und Bürgschaften selbst am stärksten am Wohlstandskuchen. Wenn die Zinsen für deutsche Staatsanleihen von derzeit zwei auf zehn Prozent steigen – wo sie Anfang der 80er-Jahre bereits einmal waren –, dann müssen nicht wie bisher rund 60 Milliarden, sondern 200 Milliarden jährlich als Schuldzinsen an zur Hälfte ausländische Gläubiger abgeführt werden. Das sind zwei Drittel des Bundeshaushaltes. Deutschland würde – wie bereits heute Griechenland, Portugal und Irland – seine Gemeinschaftsmittel überwiegend gepfändet sehen.

All das kann kommen – aber wäre das wirklich so schlimm? Deutschland hat viele gute Voraussetzungen, um auch mit einem Drittel des heutigen Bruttosozialproduktes gut leben zu können. In allen Teilen Deutschlands gibt es genug gutes Trinkwasser, regenerative Energie, gesunde Böden, Natur und unzersiedelte Landschaft. Die noch existierenden, föderalen Kleinstrukturen sind bestens geeignet, um eine Nahversorgung mit Getreide, Milchprodukten, Obst und Gemüse zu gewährleisten. Überall gibt es Handwerker aller Sparten, die sich an lokalen Bauprojekten und Renovierungen beteiligen können. Strukturen wie die Freiwillige Feuerwehr, die Chöre und die Kirchengemeinde, der Schützen- und der Kunstverein gewinnen wieder neue Mitglieder, weil Singles aus der Stadt wieder zu ihren Familien aufs Land ziehen. In den Städten werden Wohnungen wieder erschwinglich. Alte Menschen kommen nicht mehr ins Altersheim, Kinder nicht mehr in die Krippe, weil sich die Gemeinschaft diese Dienste nicht mehr leisten kann. Die versprochenen Luxusrenten und Pensionen werden nur zu zehn Prozent ausgezahlt – das Ende für viele Ferienimmobilien im Süden, für Kreuzfahrten und teure Wohnstifte. Die privaten Krankenversicherungen müssen Insolvenz anmelden, da der Staat nicht mehr für die Privatbehandlung seiner Beamten aufkommt. Jugendliche studieren nicht mehr in der Stadt, sondern werden wieder Landwirte und Bäcker, Schneider, Schuster und Tischler.

Die Kehrseite: Riesige Bürogebäude und Fabriken in den Städten stehen leer. Der Auto-, Flug- und Bahnverkehr der Pendler nimmt stark ab. Die Flugplätze nützen nur noch 20 Prozent ihrer Kapazitäten. Geschäftszentren auf der grünen Wiese und an Flughäfen gehen pleite. McDonald's schließt 70 Prozent seiner deutschen Filialen in Autobahnnähe.

Deutschland war glücklicherweise nie ein zentralisiertes Land. Alle Bundesländer bieten zahlreiche Naturschönheiten und Erholungsgebiete, historische Dörfer und Städte, Wohn- und Arbeitsmöglichkeiten. Dass Deutschland nicht wie England oder Frankreich eine einzige Metropole hat, wird im Abschwung zum Vorteil: Es wird keine wirklich großen Wanderungsbewegungen geben. Die neue Bescheidenheit wird überall stattfinden, im Heidedorf ebenso wie im Nobelbezirk der Großstadt. Es wird wieder Handelsreisende im Nahgebiet geben, die die Produkte örtlicher Molkereien, Möbelgeschäfte und Schneidereien in den umliegenden Orten anbieten. Auf Märkten finden wir wieder eine breite Palette heimischer Produkte, die bereits seit Jahrzehnten nicht mehr in Deutschland erzeugt wurden: Kinderspielzeug, Strümpfe, Hosen, Hemden, Schuhe, Werkzeug, Handys und Computer. Da vieles nun wieder in

Deutschland produziert wird, steigen die Preise. Auf einmal werden Auto, Fernseher und Computer wieder zu Luxusartikeln.

Man gewöhnt sich wieder daran, auf Produkte zu sparen. Auch das Budget für Lebensmittel verdoppelt sich. Nur das Wohnen wird billiger, da sich nur noch wenige hohe Mieten und Grundstückspreise leisten können. Widerwillig stimmen Gemeinderäte nun doch der Ausweisung von neuem Bauland zu. Viele Büros und Gewerbeimmobilien werden in Wohnraum umgewandelt. Das Deutschland der Zukunft wird das monatliche Durchschnittseinkommen der heutigen Slowakei haben: 800 Euro. Mit 800 Euro kann man nur dann leben, wenn alle Preise diesem Niveau angepasst sind.

Aber ehrlich gesagt: Was nützen einem denn wirklich hohe Einkommen auf dem Papier, wenn man etwa in München lebt? Eine halbwegs geräumige 4-Zimmer-Wohnung in akzeptabler Lage kostet dort 1.500 Euro im Monat plus 350 Euro Nebenkosten. Dazu 200 Euro Kindergarten, Kredite für 350 Euro – das sind bereits 2.400 Euro Fixkosten ohne Kleidung, Urlaub, Sparen und Essen. Eine junge Familie mit einem Kind benötigt also ein Bruttoeinkommen von 7.000 Euro monatlich, um mit 4.000 Euro in München durchzukommen.

Warum also nicht von zweimal 800 Euro ruhig auf dem Lande leben? Ohne Stress und ständiger Angst vor einem Absturz? Mit Zeit für die Familie, für das örtliche Sozialleben, für den Garten und die Literatur?

Die hohen Einkommen in deutschen Metropolen bringen weitaus weniger Lebensqualität, als es ihre Bezieher und deren Arbeitgeber vorgeben. Die hohen Fixkosten stürzen die Topverdiener bei Entlassung, Krankheit oder Scheidung häufig in große Not. Nicht selten sind sie dann bankrott, wenn sie alle Ansprüche der Vermieter, Leasingfirmen und des Finanzamtes erfüllt haben.

Die Deutschen können sich problemlos »downsizen«, denn die zurückgehende Geburtenzahl und die geringe Zuwanderungsrate lassen keinen Wettbewerb mehr um Lebensraum und Ressourcen aufkommen. Deutschland schafft sich so nicht selbst ab, sondern wird überschaubarer und kehrt einer ausufernden Globalisierung den Rücken. Nach dem Zeitalter des Exportes kommt nicht – wie in den USA und Großbritannien – das Zeitalter des Importes, sondern es wird wieder alles selbst gemacht. Was für ein Gefühl muss es sein, wieder Bier und Limonade einer lokalen Brauerei zu trinken!

Köstlichkeiten, die man sich künftig buchstäblich verdient haben wird.

Danksagung

Viele der hier zitierten Erkenntnisse wurden nur möglich, weil 2009 das Basel Institute of Commons and Economics gegründet wurde. Daniel Häni vom Unternehmen Mitte bot mir damals einen günstigen Arbeitsplatz im Großraumbüro »Labor 1« an. Für den ersten größeren Auftritt sorgte der Schweizer Philanthroph und spirituelle Lehrer Hans Jecklin (»Eine Welt oder keine«), der es mir ermöglichte, einen Workshop über die Finanzierung von Gemeingütern auf dem World Commons Forum in Salzburg zu geben, an dem neben Hans Jecklin selbst auch der italienische EU-Abgeordnete Vittori Prodi und die Gemeingüter-Aktivistin Silke Helfrich teilnahmen.

Der erste Auftrag kam vom Kanton Basel-Stadt, wo ein junger wissenschaftlicher Mitarbeiter namens Andreas Pecnik seinen Chef Thomas Kessler davon überzeugte, dass der Wert von Gemeingütern erforschenswert sei. Mit Unterstützung des Kantons erschien dann die Studie »Freiwillige als sozialer Reichtum« in Basel, die auch im Buch zitiert wird.

Im Februar 2010 stieß die Züricher Finanzmanagerin und Betreiberin der Webseite *www.philosophieundwirtschaft.de*, Ute Sommer, als Aktionärin zum Basel Institute of Commons and Economics, das seitdem eine Aktiengesellschaft ist. Zusammen mit der CoOpera Beteiligungen AG, deren Beteiligung Matthias Wiesmann als Verwaltungsrat und Aktivist ermöglicht hat, ist Ute zu verdanken, dass das Institut die harte Anfangsphase überleben konnte.

Im September 2010 sorgte der Wirtschaftsjournalist Sven Böll von Spiegel-Online dafür, dass die Arbeit des Instituts erstmals einer größeren Öffentlichkeit bekannt wurde.

Jean-Pierre Meylan hat mir als Verwaltungsrat mit seiner gelassenen Art in größten Turbulenzen beigestanden.

Mein Dank gilt den freien Mitarbeiterinnen und Mitarbeitern Philip Stoll, Nina Moreva, Nicolas Gebhart, Naomi Richner und René Steffen, mit deren Hilfe es möglich wurde, eine Reihe von Grundlagenforschungen und Arbeitspapieren zum Thema Sozialkapital und Staatsfinanzen zu veröffentlichen, die heute den Ruf des Instituts ausmachen.

Im August 2011 entschied sich der oekom verlag mutig, bereits im Februar 2012 mit mir ein Buch zum Thema Sozialkapital zu machen.

Zuletzt bedanke ich mich bei meiner Frau und meinen Kindern, dass sie es dem »vereinbarenden« Papa (Schweizer Begriff für Väter, die nicht nur Workaholics sind) nicht übel nahmen, wenn er insbesondere auch an Wochenenden in die Tiefen der Texte abtauchte.